Mit Tucholsky
die Frauen verstehen

HERDER spektrum

Band 5795

Das Buch

Was tun Frauen, bevor sie ausgehen? Wie sind denn nun die Französinnen? Muss denn immer gleich von Liebe die Rede sein? Kurt Tucholsky hat Frauen geliebt, sie verehrt, sie verspottet, sie beobachtet, sie zu verstehen versucht – und wunderbare Texte über sie geschrieben. Eins war für ihn immer klar: Das Glück ist eine Frau.

Sommerleichte Geschichten, urkomische Überlegungen, feine Ironie, herzzerreißende Gedichte, bewegende Briefe, zarte Liebeserklärungen, derber Spott: eine ungewöhnliche Auswahl aus seinem Werk, zum Lesen, Lachen und Lieben.

Der Autor

Kurt Tucholsky (1890–1935) gilt als einer der bedeutendsten deutschen Schriftsteller des 20. Jahrhunderts.

Der Herausgeber

Günter Stolzenberger, Dr. phil., geb. 1953, lebt als Publizist in Frankfurt am Main.

Kurt Tucholsky

Mit Tucholsky die Frauen verstehen

Herausgegeben von
Günter Stolzenberger

HERDER
FREIBURG · BASEL · WIEN

Gedruckt auf umweltfreundlichem,
chlorfrei gebleichtem Papier

Originalausgabe

www.herder.de
Satz: Dtp-Satzservice Peter Huber, Freiburg
Druck und Bindung:
CPI Moravia Books, Pohorelice 2006
Umschlaggestaltung und Konzeption:
R·M·E München / Roland Eschlbeck, Julia Wolf
ISBN-13: 978-3-451-05794-6
ISBN-10: 3-451-05794-8

Inhalt

Kurt Tucholsky – der Mann, der die Frauen liebte

Man kennt ihn als den treffsicheren Satiriker, das Herz mit Schnauze, den Kämpfer für Gerechtigkeit, den meisterhaften Feuilletonisten. Aber als Liebhaber und Frauenkenner? Oh ja, durchaus. Tucholsky ist ein Frauentyp. Die vielen Namen, die in seinen Gedichten und Texten auftauchen, sind nicht aus der Luft gegriffen. Ob Claire, Lottchen oder Malwine, sie alle haben ihre Vorbilder in der Wirklichkeit.

Mit zwei gescheiterten Ehen könnte man allerdings meinen, dass man doch an den Falschen geraten ist. Und in der Tat: Er hat so seine Probleme mit dem weiblichen Geschlecht. Ja, das geht vielen Männern so, aber wie überall, gräbt Tucholsky auch hier tiefer. Behutsam und sensibel, wie es dem Thema gebührt, sucht er in Artikeln, Gedichten, Briefen und Aphorismen zu verstehen, was ihm so fremd und anders erscheint.

Keine Angst, es sind hier keine Abhandlungen zu erwarten. Verstehen hat bei Tucholsky nichts mit trockener Analyse zu tun. Denn zum einen steht ihm auch hier neben der Schärfe seines Verstandes sein berühmt-berüchtigter Witz zur Verfügung. Zum andern weiß er, dass Frauen ohnehin ihrer eigenen Logik folgen. Wer sie verstehen will, muss in der Lage sein, sich in ihr Leben und Wesen hineinzuversetzen, hineinzufühlen. Man kann diesen empathischen Zug an vielen Stellen in Tucholskys Werk entdecken, egal, ob er über

Charlie Chaplin schreibt, über Katzen in Paris oder über Frauen, die sich nach Zärtlichkeit sehnen.

Bei Frauen fällt ihm das besonders leicht, denn Tucholsky ist fasziniert von ihnen. Frauen sind für ihn das Lebenselixier schlechthin. „Ich brauche Frauen wie die Luft“, schreibt er 1918 in einem Brief an Mary Gerold, und das ist keineswegs nur eine Frage der sexuellen Attraktion. Die Palette der Gefühle, die er für sie hegt, ist breit und bunt. Sie reicht von schlichter Verehrung und jugendlicher Verliebtheit über die große Liebe bis hin zur verzweifelten Sehnsucht. Mit Herz und Leidenschaft schreibt er über Hausfrauen, Schauspielerinnen, Freundinnen oder Geliebte, und mit jedem Bild, das er so entwirft, lässt er uns für einen Augenblick an einem Leben teilhaben.

Hinzu kommt: Frauen sind immer auch ein Thema für den Gesellschaftskritiker und Weltverbesserer Tucholsky; oder sollte man sagen, für den Menschenfreund. Ohnehin solidarisch mit Frauen wie Männern aus einfachen Verhältnissen, ist er grundsätzlich davon überzeugt, dass die bessere Welt, für die er kämpft, ohne Emanzipation nicht zu haben ist. Nein, er ist bestimmt kein Vorkämpfer für die Rechte der Frauen, aber er ist auf ihrer Seite, wenn es darum geht, Möglichkeiten auszuloten, die jenseits der materiellen Not doppelt unterdrückter Arbeiterfrauen und jenseits der Blasiertheit der Damen aus den besseren Kreisen der 20er Jahre liegen.

Natürlich wäre Tucholsky nicht Tucholsky, wenn er Frauen nicht auch zum Gegenstand seines Spottes machte. Schließlich ist der Mann Satiriker und dessen Aufgabe ist es nun mal, Widersprüche aufzudecken. Das ist nun, wenn es sich um Frauen handelt, ein weites Feld. Aber, um es mit Nietzsche zu sagen: „Glattes Eis, ein Paradeis, für den der gut zu tanzen weiß". Tucholsky weiß zu tanzen. Er kennt die Frauen. Und weil er sie nicht nur kennt, sondern liebt, kann er sich einen Spaß daraus machen, sich in Vorurteilen über sie zu ergehen, ohne sie aber einem vernichtenden Gelächter auszusetzen. Es gibt natürlich Ausnahmen, wie etwa reiche Amerikanerinnen, die er so gar nicht mag. In den meisten Fällen aber schafft er es auf geheimnisvolle Art, dass man nicht *über* sie lacht, sondern *mit* ihnen. Lachen ist ihm hier keine Waffe, sondern ein Mittel der Versöhnung.

Ist Tucholsky also ein ‚Frauenversteher'? Ja, aber er ist keiner, der sich damit anschmeicheln will. Verständnis ist ihm eine Sache der Aufklärung. Auch hier schreibt er, um die Welt besser zu machen. Er tut es mit der Meisterhaftigkeit des Feuilletonisten, mit dem spitzen Stift des Satirikers und immer mit dem sensiblen Herzen eines Mannes, der die Frauen liebt.

„Soweit das Oberteil – aber Dunnerkeil – das Unterteil"

Es gibt nun zu diesem Tucholsky, wie er in seinen Werken in die Öffentlichkeit tritt, selbstverständlich auch einen privaten. Um es gleich zu sagen: Die beiden stehen in einem sonderbaren Kontrast zueinander. Schon nach der Lektüre seiner Briefe drängt sich ein Verdacht auf: Tucholsky ist beziehungsunfähig. Und dieser Verdacht erhärtet sich, wenn man sein Leben näher betrachtet. Da ist vor allem eine nie enden wollende Rastlosigkeit, die ihn umtreibt. Es ist die Frau und immer wieder die Frau, zu der es ihn zieht.

Aber er wird nicht glücklich dabei. Kaum angekommen, flieht er. Er braucht die Liebe und die Frauen als Ideal. Mit der Wirklichkeit kommt er nur schwer klar. Und es ist nicht nur so, dass er Nähe nicht ertragen kann, Nähe und den Alltag einer Beziehung mit all ihren Anforderungen. Was er vor allem nicht kann, ist treu sein. Hin- und hergerissen zwischen den Polen Nähe und Distanz, Zärtlichkeit und Ausschweifung, rollt ihm das Glück aus den Händen, weil er schon nach kurzer Zeit nach dem nächsten greifen muss. Er ist ein Getriebener, ein Sisyphos der Liebe.

Es ist anzunehmen, dass die Ursachen davon tiefer liegen, als er selbst zu graben vermag. Man weiß von der sehr problematischen Beziehung zu seiner Mutter, die er als kaltherzig und berechnend beschreibt. Man weiß auch, dass ihm dies ein Leben lang zu schaffen macht. Aber man wundert sich dennoch über den Widerspruch zwischen dem Autor von ‚Schloss Gripsholm', den man sich nicht anders als liebenswert denken kann, und dem zur Treue unfähigen Jäger und Sammler im Nachtleben von Berlin und Paris, der sich darüber ärgert, „dass man nicht alle haben kann".

Nein, alle nicht, aber mindestens zwei zur gleichen Zeit hat er schon. Immer eine vor Ort und eine, der er sehnsüchtige Briefe schreiben kann, Freundinnen, Geliebte, Ehefrauen. Das beginnt schon früh und hört nicht auf, bis es aufhört.

1911 lernt er Else Weil kennen. Tucholsky ist Jurastudent und hat bereits erste Artikel veröffentlicht, sie ist Medizinstudentin und genau der Typ Frau, den er zu lieben scheint: Sie ist selbstbewusst, selbständig, humorvoll und schlagfertig. Noch im gleichen Jahr verbringt er mit ihr einen Urlaub in Rheinsberg, Auslöser und Ausgangspunkt für den gleichnamigen Roman, der ihm ersten Ruhm einbringt. Möglicherweise gibt es schon damals von seiner Seite her Heiratspläne, aber zuvor gilt es für beide das Studium abzuschließen. Außerdem wird er unmittelbar nach seiner Promotion 1915 zum Kriegsdienst eingezogen. Er ist in Kurland stationiert, wo er den Schreibdienst für eine Fliegerschule erledigt.

Hier lernt er Mary Gerold kennen. Sie ist eine deutschstämmige Baltin, die für die Zeit des Krieges dienstverpflichtet ist. Die beiden arbeiten im gleichen Gebäude. Mit einem ersten Zettel, den er ihr gegen Ende 1917 schreibt, beginnt eine Liebesgeschichte, wie sie verwickelter nicht sein könnte.

Mehr als ein halbes Jahr sehen sich die beiden regelmäßig, unternehmen Spaziergänge, besuchen Veranstaltungen, tauschen Zärtlichkeiten aus. Über mehr lässt sich aus dem Briefwechsel nur spekulieren. 1918 wird Tucholsky mit seinem Einverständnis nach Rumänien versetzt. Mary fühlt sich verlassen. Er hingegen beteuert, dass die Trennung nur vorübergehend ist. Der Briefwechsel wird auch fortgesetzt, als er nach Ende des Krieges nach Berlin zurückkehrt. Über Monate beschreibt er in wunderschönen Briefen seine Sehnsucht, bittet sie jedoch selbst dann nicht nach Berlin, als sie ihm ihre verzweifelte Lage in Riga schildert. Der Grund: Sie soll erst dann kommen, wenn er seine Einkommensverhältnisse geklärt hat.

Man fragt sich, was ihn reitet. So schlecht können seine Finanzen nicht stehen, denn er ist inzwischen ein gefragter Autor. Man schüttelt nach all diesen sehnsüchtigen Liebesbriefen den Kopf, wenn man liest, dass er nicht am Bahnhof ist, um sie abzuholen, als sie schließlich, auf seine Bitten hin, 1920 doch nach Berlin kommt. Und man kann es nicht glauben, dass er bereits nach einer Woche erkennt, dass er sich getäuscht hat. Und die Geschichte geht weiter! Zehn Wochen später heiratet er seine frühere Freundin Else Weil, stellt aber kurz darauf fest, dass auch das ein Fehler war. Wieder beginnt der Briefwechsel mit Mary und wieder beteuert er seine Sehnsucht und seine Liebe. Mary, die inzwischen eine schwere Zeit hinter sich hat, zögert verständlicherweise, aber Tucholsky lässt nicht locker. Er schickt Rosen und Theaterkarten. Er ist charmant und witzig und er ist ausdauernd. Mit Erfolg. Die beiden treffen sich nun wieder öfter, gehen zusammen aus, unternehmen kleine Reisen und heiraten 1924, nachdem die Ehe mit Else Weil geschieden ist.

Tucholsky ist mittlerweile Korrespondent der ‚Weltbühne' in Paris, verbringt aber auch viel Zeit in Berlin oder auf Reisen, wie etwa die berühmte ‚Pyrenäenreise', eine der wenigen übrigens, die er in Marys Begleitung unternimmt. Meistens aber ist er ohne sie unterwegs, zu Vorträgen, Besprechungen er zieht sich zurück, um aus seinen Artikeln Sammelbände zusammenzustellen; oft muss er nun auch, seiner angeschlagenen Gesundheit wegen, zu längeren Kuraufenthalten. Mary ist derweil ihrerseits auf Reisen, meistens aber alleine in Paris und erledigt die Korrespondenz ihres berühmten Gatten. Sie leidet unter der Trennung weit mehr als er, und sie leidet vor allem unter seiner Treulosigkeit. Tucholsky hat nämlich seit Januar 1927 in Berlin eine feste Geliebte, Lisa Matthias. In seinen Briefen an Mary wiegelt er ab, gibt Fehler zu, versucht sie zu beruhigen, und es scheint ihm auch immer wieder zu gelingen. Als er aber im November 1928 nach längerer Abwesenheit nach Paris zurückkehrt, findet er einen Brief von ihr vor: Mary hat ihn endgültig verlassen. Er versucht, den Kontakt nicht abreißen zu lassen und der Briefwechsel geht in freundschaftlichem Ton weiter. 1933 willigt er in die Scheidung ein, weil sie, die mittlerweile in Berlin lebt und arbeitet, mit seinem Namen Repressalien der Nazis zu befürchten hat. Tucholsky setzt sie, die zweifelsohne die wichtigste Frau, der wichtigste Mensch in seinem Leben ist, testamentarisch zu seiner Universalerbin ein. An sie ist der letzte Brief vor seinem Tod gerichtet.

Natürlich, auch Tucholsky leidet. Aber er kann nicht allein sein. Unmittelbar nachdem Mary ihn verlassen hat, ruft er seine Geliebte zu Hilfe, die auch umgehend kommt, um ihn zu trösten.

Kennen gelernt hat er Lisa Matthias 1927 bei einem Ball in Berlin. Tucholsky verliebt sich sofort in die lebenslustige und humorvolle Frau. Wann immer er in den nächsten Jahren in Berlin ist, sehen sich die beiden. Und nicht nur das. Er wohnt zumindest zeitweise bei ihr und noch vor dem Bruch mit Mary unternehmen sie eine Reihe gemeinsamer Reisen. Lisa Matthias ist das Vorbild für die ‚Lottchen-Geschichten', die ab 1928 erscheinen, und für die ‚Prinzessin' in seinem zweitem Roman ‚Schloß Gripsholm', sowie in der ‚Spessartreise', die er 1927 mit seinen Freunden Karlchen und Jakopp unternimmt. Lisa ist sicherlich nicht nur Tucholskys Geliebte, sie ist auch seine Muse. Sie ist das, was man eine moderne Frau nennt. Sie arbeitet als Journalistin, ist unabhängig, unternehmungslustig und in erotischer Hinsicht offen und tolerant. Für Tucholsky durchaus ein Gewinn. Aber auch sie weiß ihre Vorteile aus der Beziehung zu dem berühmten Schriftsteller zu ziehen; Vorteile gesellschaftlicher und sicherlich auch finanzieller Art. Genau daraus ergeben sich aber, in Verbindung mit Eifersüchteleien von ihrer Seite, immer wieder Anlässe zu Unstimmigkeiten zwischen den beiden. Spätestens 1931 trübt sich ihr Glück und Lisa bricht nach mehreren Auseinandersetzungen den Kontakt zu ihm ab.

Aber wieder ist Tucholsky nicht ohne Frau. Er hat Deutschland inzwischen verlassen und lebt überwiegend in Schweden. Schon seit Oktober 1930 ist Gertrude Meyer seine Sekretärin und Dolmetscherin in seiner Wahlheimat Hindås. Auch hier entwickelt sich rasch eine Affäre mit der um sieben Jahre jüngeren Schwedin, die nicht nur sehr gut deutsch spricht, sondern auch seit langem schon seine Schriften kennt und ihn verehrt. Sie dient ihm als Deckadresse für seine gesamte Korrespondenz bis 1935.

Aber auch sie ist nicht die Einzige. Selbst jetzt nicht, da den politisch angefeindeten Autor ganz andere Sorgen plagen: es geht um Gesundheit, es geht um Geld, es geht darum, wo er bleiben wird; selbst jetzt kann sich Tucholsky nicht mit nur einer Frau zufrieden geben. 1932 lernt er bei einem längeren Aufenthalt in der Schweiz Hedwig Müller kennen. Die sozial engagierte Kinderärztin liegt politisch ganz auf seiner Linie. Für fast ein Jahr lebt er bei ihr in Zürich und nach seiner Rückkehr nach Hindås verbringt sie mehrere Urlaube bei ihm. Vor allem ist sie aber jemand, dem er endlich wieder regelmäßig schreiben kann. Dass er es tut, davon zeugen die so genannten

Q-Tagebücher, die an sie gerichtet sind. Offensichtlich gibt es von ihrer Seite aus sogar Heiratspläne, die sich aber zerschlagen, weil ihm die Schweiz, nach der Machtergreifung Hitlers, nicht sicher genug erscheint. Tucholsky, dem es in Schweden nicht möglich ist, einer Arbeit nachzugehen, wird in den letzten Jahren von Hedwig Müller finanziell unterstützt.

Es gibt natürlich immer noch viele andere, Geliebte, Affären und Gelegenheitsbekanntschaften. Die meisten bleiben namenlos. Aber wie viele auch immer es sind, er schafft es nicht, aus seinem Dilemma herauszukommen. Immer wieder sucht er verzweifelt nach Nähe, Liebe, Wärme und Trost, aber genauso oft flieht er, ein Leben lang. Ist er also ein Fall für die Couch? Er erkennt das sehr wohl und nicht umsonst ist er ein Verehrer der Theorien Freuds. Ab 1924 beschäftigt er sich intensiv mit der Materie. Allein seine Rastlosigkeit treibt ihn immer weiter, von Artikel zu Artikel, von Gedicht zu Gedicht, von einer Vortragsreise zur nächsten und immer gibt es einen Vertrag auszuhandeln, ein Projekt voranzutreiben, eine Krankheit zu kurieren. Mag sein, er flüchtet sich in all diese Aktivitäten, weil er nicht willens ist, sich seinen Fehlern zu stellen, und sicherlich kann man ihm das zum Vorwurf machen. Aber man sollte dabei nicht vergessen, welcher Aufgabe er sich gewidmet hat. Er ist einer der exponiertesten Kämpfer nicht nur gegen die Ungerechtigkeiten der Weimarer Republik, sondern auch gegen den aufziehenden Faschismus. „Ich schreibe, um eine Welt zu verändern." Vielleicht ist es angesichts der Welt, in der er lebt, verständlich, dass er weder Zeit, noch Energie, noch Muße hat, sich um seine eigenen Probleme zu kümmern.

Für uns bleiben seine wunderschönen Feuilletons und Gedichte, seine Analysen und Satiren. Es bleiben seine Romane und Reisebeschreibungen; und was er liebevoll oder lästerlich über Frauen geschrieben hat, ist heute so gut wie damals. Man muss ihn nicht lieben, man muss seine Schwächen nicht entschuldigen, man muss seine politische Meinung nicht immer teilen, aber man muss ihn lesen. Das Vergnügen ist dabei ganz auf unserer Seite.

Frauen kann man nicht verstehen

(...) wenn ich dann neben ihnen ging, fühlte ich plötzlich jenes ganz alte Kindergefühl, das die kleinen Jungen manchmal haben: Frauen sind fremde, andre Wesen, die du nie verstehen wirst.

9 68

Als er früh am Morgen vom Friseur zurückkam, war die Claire am Aufstehen. Es war das so eine Sache: die erste Viertelstunde pflegt sie mit feiner Stimme ein entzückend klingendes Gemurmel zu stammeln, unzusammenhängende Silben hervorzubringen und in den verschiedensten Nachahmungen von Tierstimmen zu paradieren. Kaum hatte er die Tür hinter sich zugezogen, so begrüßte ihn das Winseln und Mauen einer neugeborenen Katze.

„Aufstehen! Claire! Aufstehen! Alle Leute sind schon nach Tisch." Man mußte ein wenig übertreiben – es half sonst nichts. „Buh!"

„Ja, ich weiß. Komm!"

Und zog ihr die Bettdecke fort.

Später:

„Wölfchen, zieh ich nu das Grüne oder das Weiße an?"

„Hm, welches möchtest du denn gerne anziehen?"

„Das ... das weiß ich nicht. C'est pourquoi ich dich frage."

„So zieh denn das Weiße an."

„Schön. Was dieser Junge mich tyrannisiert, das ist nicht zu sagen. Haach!"
Pause.

„Wolfgang?"

„Claire?"

„Meinst du würklich, daß ich das Weiße anziehen soll? Seh mal ... ich meine, mit den Fleckens un so ..."

„Also: das Grüne."

„Schön."

Nach einer kleinen Weile:

„Ja, haber – ich möcht doch aber gern ..."

„Was möchst du gern?"

„Das Grüne –"

Aber ich sage dir ja, ziehs an!"

Ja ... aber ... wenn dus mir sagst, machts mir gar keinen Spaß. Du mußt sagen: Ziehs nich an, mußt du sagen, oder: zieh das Weiße an, tja."

Und bevor er sich noch erholt hatte, fing sie an, ein wundervolles Gezänk von sich zu geben, nach Art gewisser Frauen, die sich beleidigt glauben und aus ihren Gefühlen auch dem Dienstmädchen gegenüber kein Hehl zu machen pflegen. Das Ganze paßte nicht recht her, aber sie war im Zuge, da war nichts zu machen.

1 60-61

Ihre großen, breitschultrigen Schatten tanzten an der Wand, weil die Kerzenflamme tanzte ... Die Claire stand vor dem Spiegel und löste ihre Haare auf.

„Wölfchen, paß mal auf; da war ich noch 'n kleiner Mädchen, un da bin ich bei meine Freundin, die Alice gegangen – heb mir doch mal die Nadel auf! –

und da war ein Herr, wie er hieß, weiß ich nicht mehr, und der hat gesagt, mein Haar ist wie aus Seide gesponnen. Ja."

„Na – und –?"

„Nüchs."

Die Claire liebte es, Geschichten zu erzählen, die, ohne Pointe, kleine, anspruchslose Begebenheiten ihrer Kindheit enthielten. Sie verlangte, daß man sie sich oft anhöre, und wurde zornig erregt bei dem Einwand, man kenne dies.

„Du bist gar nicht freundlich zu mir. Du liebst mich nicht mehr."

Einem seelischen Chamäleon gleich, bot sie nun den Anblick einer Liebeskranken. Der Mund war schmerzlich verschoben, der Oberkörper leicht geneigt, die Hände krampften sich.

„Ich meinerseits liege im Bett", sagte er. Die Kerzenflamme verlosch ...

1 59

... man soll Frauen keine Witze erzählen. Man muß sie dann immer erklären, und dann sind sie enttäuscht.

1 308

Wir hätten sollen ... Einmal ging ich mit Augusten aus, es war ein schöner Sonnabendabend, sie trug ihr gutes Kleid, verhältnismäßig neue Stiefel und sah furchtbar fein aus. Ich traute mich gar nicht, Du zu ihr zu sagen ... Und wir gingen auf den besten Platz, der im ganzen Theater zu haben war, Proszeniumsloge links – das Theater lag in der Großen Frankfurter Straße – und es wurde gespielt: ‚Doppelt geschändet oder Die Liebe des Freimaurers'. Es war schrecklich aufregend. Auguste unterbrach das Spiel mit passenden Bemerkungen, und es bedurfte meiner ganzen Geschicklichkeit, einen Hinauswurf zu vermeiden. Der Held wurde in eine Art Kohlenkasten gelegt, der an diesem Abend als Sarg auftrat, die Heldin mischte sich in die Freimaurersitzung, wo lauter ernste Männer nicht Skat kloppten, sondern unheimliche Formeln beteten, weil der Held in diese Innung aufgenommen werden sollte, der Souffleur flüsterte vor lauter Feierlichkeit so leise, daß die Schauspieler stecken blieben – und Auguste schneuzte sich ergriffen in mein Taschentuch. Und als alles fertig war, die Schürzung des Knotens, und die Katastrophe und das Finale mit den beiden Paaren und den erschütterten Statisten und dem Applaus und dem Auf und Ab am Vorhang – da sagte ich: „Na?" – Und Auguste sprach: „Wir hätten doch sollen in den ‚Jäger von Kurpfalz' gehen!" – Frauen sind selten dankbar. (...)

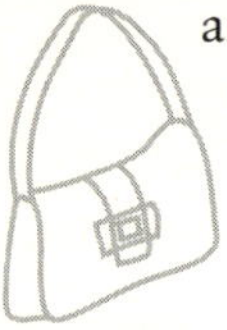

Wir hätten doch sollen ... Manchmal ist es auch ein Stachel im Fleisch, ja, es gibt Frauen, die einen ganzen Igel aus diesem Wort machen können. (...) Aber es muß gesagt werden, daß es auch unter den Männern solche Frauen gibt.

2 162-163

Ich habe immer gefunden, dass die Sachen nie werden, wenn man sie drängt – dann geht's nie. Man muß die dickste Ruhe bewahren – es ist, als ob die Fortuna, oder wer das nun erledigt, nicht mag, wenn man ihr nachläuft. (Es ist eine Frau ...)
B 225

Ich kannte eine angesehene, stattliche Dame, die hatte die Gewohnheit, mit offenen Augen am Tage zu schlafen und niemals zuzuhören, wenn jemand mit ihr sprach. Die Leute erzählten ihr lange Geschichten, wie sie so die Leute erzählen: Ehescheidungsklatsch, Dienstbotennöte, Geldgeschichten, was weiß ich – und sie schlief und hörte durchaus nicht zu. Wenn aber der andre zu erzählen aufgehört hatte und schwieg und eine teilnehmende Antwort erwartete, dann fuhr meine Dame auf und sagte ein Wort, <das> Wort ihres Lebens, eines, das sie stets sagte, nach jeder Geschichte, und das auch zu allen paßte: „Ja, ja! Etwas ist immer –!"
3 329

In einer amerikanischen Damengesellschaft wurde einmal das Elend einer gewissen Arbeiterklasse erwähnt. „Ich glaube nicht, daß sie Hunger haben", sagte eine Amerikanerin. „Wir haben nie davon gesprochen!"
3 419

Was tun Frauen, bevor sie ausgehen?

Wenn eine Frau seit vier Stunden weiß, dass sie und der Mann um sieben Uhr ins Theater gehen, wenn der Mann um halb sieben angehetzt und eilig aus dem Geschäft kommt, um sie abzuholen – was tut eine solche Frau dann?

Sie entfaltet eine *unermeßliche Tätigkeit*.

Vorerst beginnt sie sich <zurechtzumachen>. Unter diesen Begriff fallen eine Reihe unerklärlicher Vorgänge und Betätigungen, die nie ganz zu enträtseln sind, als da wären: Zupfen der Haare vor dem großen Spiegel, dasselbe vor einem kleinen; Aufnehmen eines gleichgültigen Gegenstandes und Hinlegen desselben; Suchen der Schlüssel; Durchwühlen einer Kommode; Probe und Verwerfen eines Hutes vor einem großen Spiegel, eifriges Geläuf durch alle Zimmer. Und hier setzt nun das Rätsel ein, das große unergründliche Rätsel:

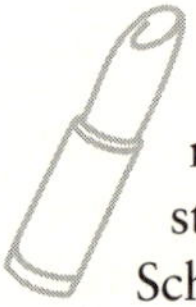

Warum tun die Frauen in der letzten Minute Dinge, die sie schon vor einer Stunde hätten tun können, und die viel mehr Zeit in Anspruch nehmen, als beim besten Willen vorhanden ist? Warum?

6.45 Uhr: „Ich muß meine Handschuhe erst nochmal mit Benzin reinigen! Anna! Anna! Wo ist das Benzin?“ Benzinflasche, Handschuhe und ein großer, häßlicher Lappen von tückischem Aussehen. Richtig: er verschmiert bösartig das Benzin und tut durchaus nicht, was man von ihm verlangt. Das geht so zehn Minuten.

6.55 Minuten: „Ich werde mir doch lieber die neuen Handschuhe anziehen!“ Im Hintergrund ringt ein Unglücklicher die Hände – das hätte man doch schon vor zehn Minuten … Strafender Blick: „Du verstehst auch gar nichts –!“ Nein, er versteht gar nichts …

7.08 Uhr: „Die Wäsche ist noch nicht gezählt!“ – Aber, liebes Kind … Hier ist nicht: lieb, und hier ist nicht: Kind – die Wäsche ist noch nicht gezählt! Muß das jetzt sein? Jetzt oder nie. „Anna! – 5 Combinaisons, 44 Handtücher – wieso 44? ach so – 23 Taschentücher, 5 Hemdchen fürs Kind – na, ich werde das morgen machen – legen Sie sie da inzwischen hin! Anna, haben wir abgerechnet? Also morgen nehmen wir die Rinderbrust, die noch da ist – –“ Der Hintergrund: Allmächtiger, womit habe ich das verdient! Wie hast du mich gestraft, du mein Herr und Gott!! Mein liebes Kind, es ist fünf Minuten über Viertel acht … „Dann hättest du eben früher aus dem Geschäft kommen müssen –!“ Da kann man halt nix machen.

Sehr geehrter Herr Panter
Ich habe Ihren kleinen Aufsatz in der Zeitung: Was tun Frauen, bevor sie weggehen? gelesen. Ich muß Ihnen sagen, daß Sie aber durchaus nicht alle Frauen zu kennen scheinen, die es gibt. Es gibt doch Gott sei Dank heute schon eine Menge Frauen und Mädchen, die mindestens ebenso pünktlich und zuverlässig sind wie der Mann. Das beweisen ja auch die vielen weiblichen Telefonangestellten.

Ich muß den Brief leider schließen. Eben kommt mein Mann und ruft, daß es Zeit ist, zu unserer Mittwochgesellschaft zu gehen. Wenn das nicht dazwischen gekommen wäre, Herr Panter, dann würde ich Ihnen noch ganz anders und viel ausführlicher geschrieben haben, aber leider muß ich jetzt schließen, und meinen Mann begleiten. Ich möchte Ihnen bloß noch sagen, daß es die allermeisten Frauen, was Ordnung und Pünktlichkeit betrifft, noch hundertmal mit jedem Mann aufnehmen können. Ich wenigstens bin immer auf die Minute da und fange gar nicht erst kurz vor meinem Weggehen an, tausend Sachen anzufangen und wieder hinzulegen. Überhaupt: das ist

eine männliche Überhebung, sich immer über die Frauen lustig zu machen. Da fangt ihr Männer mal hübsch bei euch an, da werdet ihr doch genug Laster und Fehler finden! Und, Herr Panter, eine Frau, die eine Wirtschaft führt, hat eben viele Lasten und Sorgen, die ihr keiner abnimmt, nicht einmal der eigene Mann. Sie muß beinahe alles allein tun, und daher mag es denn manchmal vorkommen, daß sie sich zu einem Vergnügen verspätet. Und was schadet es denn schon, wenn der Mann einmal ein bißchen auf sie warten muß? So galant kann ein Mann schon zu seiner Frau sein – besonders, wenn sie sich den ganzen Tag für ihn in der Wirtschaft abgemüht hat. Im übrigen aber sind die Frauen viel pünktlicher als ihr Männer!

So – jetzt will ich den Brief rasch fertig machen und frankieren, denn ich muß mich noch anziehen und frisieren –!

Eine Pünktliche

3 529-531

Wenn die Amerikanerin so lieben könnte, wie die Deutsche glaubt, daß die Französin es täte –: dann würde sich die Engländerin schön freun. Sie hätte einen herrlichen Anlaß, sich zu entrüsten.

4 355

Der schönste Schmuck für einen weißen Frauenhals ist ein Geizkragen.
5 379

Über die Nennung von Frauennamen

Manchmal braucht unsereiner einen Frauennamen.

„Eine Dame“, „ein Mädchen“, das hört sich so abstrakt an, so falsch-geheimnisvoll; da sagen wir schon lieber: Grete oder Margot oder Charlottchen … da weiß man doch. Aber welche Namen sind da zu nennen?

Das richtet sich in erster Linie nach dem Rhythmus des Satzes. Manchmal paßt <Hilde> besser als <Marie> – das kann man kaum begründen, man muß es wittern. Das ist leicht auszuprobieren. Aber –: seien die Namen irgendwelche Namen, oder dürfen es Namen aus dem Leben des Herrn Verfassers sein? Dies ist ein weites Feld.

Sind es Namen von nahestehenden Frauen, so sieht es für die Freunde immer aus, als wolle man den kühnen Edschmid kopieren, was schwerfallen dürfte – der Mann ist eine Original-Imitation. Sind die Namen also Anspielungen, so schmeckt dergleichen leicht nach: „Ich kann es gar nicht aushalten vor lauter Harem!“ und das ist doch nicht der Zweck der Übung. Auch hat die Namensnennung noch mannigfache andere Nachteile.

Sage ich zum Beispiel <Musch> – dann macht Lottchen Krach. Sie hätte auch geschenkt, und von ihr stände überhaupt nichts in der *Vossischen Zeitung* (was ja sichtlich deren einziger Daseinszweck ist) –

und was mir einfiele, und überhaupt. Ja ... nun ... sie hat geschenkt, das ist wahr. Mir schenken sie nicht viel – man muß wohl dazu geboren sein. Was zum Beispiel mein Freund Karlchen ist, der lebt, glaube ich, von dem, was sie ihm so schenken. Daß der Mann noch keinen Wandergewerbeschein hat, liegt nur daran, daß er bei der Polizei ist und sie selber ausstellt; und da er sich kennt, so ist er sich nicht vertrauenswürdig genug. Gut. Also mir schenken sie nur das Nötigste. Lottchen hat geschenkt:

1 Papierkragen
3 Stück Seidenstrümpfe
1 Schachtel Grammophonnadeln
2 bezaubernde Manschettenknöpfe (zum Glück umtauschbar) – u. a.

Wofür sich ein Troubadour erkenntlich zu zeigen hat – früher durch Verabfassung und Aufführung einer kleinen Nachtmusik, unter gleichzeitiger Gestellung einer Laute – heute durch die Nennung des Namens. „Ich saß gerade mit Fanny beim Lunch ...“ und dann eine Geschichte, die auch nicht das leiseste mit Fanny zu tun hat, aber genannt ist sie, und zärtlich streicht sie dem Literasten über die hoffentlich hohe Stirn. „Frauen“, hat jener Franzose gesagt, „inspirieren den Mann zu großen Taten und hindern ihn, sie auszuführen.“

Frauen dienen gern als Modell. Aber sie nehmen es übel, wenn der Herr Künstler andere Frauen als Modell benutzt; das soll er nicht. Wobei sie sehr oft übersehen, daß dieses sanfte Spiel ein schwacher Liebesersatz ist; wenns gar nicht geht –: ein Gedicht kann man noch immer auf die Dame machen. Und das befriedigt, schmeichelt der Eitelkeit, ist überhaupt nett ... und manchmal hilfts auch. Trotzdem erscheint mir die Eifersucht der Frauen übertrieben, wenn sie jeder die Augen auskratzen wollen, die im Roman, auf den Bildern, in den Opern des Mannes erkennbar vorkommt. Von einem sehr bekannten Zeichner der Vorkriegszeit erzählte man sich, seine Frau habe ihm die Modelle überhaupt verboten, und es wird nicht gemeldet, ob er nun immer nach dem Gedächtnis oder nur noch nach ihr zeichnen durfte. Es ist mitunter nicht leicht ...

Es ist sogar sehr schwer, wenn sie alle voneinander wissen. Wie macht ihr das –? Bei mir wissen immer alle meine Bräute voneinander, weil ich ein feiner Psychologe bin. Da habe ich also in der berühmten Kri-

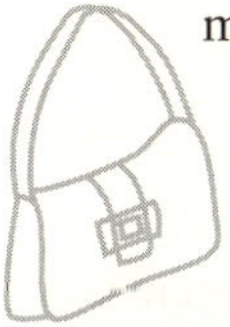

minalnovelle E. A. Poes gelernt, wenn man eine Sache ganz besonders gut verstecken will, dann soll man sie mitten ins Zimmer legen, da sucht sie keiner. Das ist richtig; da sucht sie keiner. Aber da findet sie jeder. Und so liegen denn Briefe, Bilder und was so ist, mitten in der Landschaft herum, und nachher verfluche ich meinen sträflichen Leichtsinn, und ich habe auch nicht jene Geistesgegenwart Pallenbergs, dem einmal in einer Posse seine dortige Frau einen Schlüpfer aus der Manteltasche zog, mit dem Donnerruf: „Was ist das?" – „Das ist ein Papagei!" sagte er. Ja, er ist eben „ein alter Casanovian" (wobei dieser geniale Sprachzerstörer und Schöpfer mit einem einzigen Buchstaben einen Namen getötet hat).

Du aber sollst keine andern Göttinnen haben, neben ihr. Du sollst nur sie und dann sie und dann noch einmal sie abmalen; als Ergänzung: sie – und viel-

leicht auch noch: sie. Welch eine Diktatur! Ja, Lottchen, du wirst genannt. Ja, Lottchen, es soll nie mehr ein Feuilleton erscheinen, in dem ich dich nicht durch die Presse ziehe; ja, Lottchen. Und dann platzt Kiki. Und dann gibt es einen sehr lustigen, einen sehr rasiermessrigen, einen sehr eigenwürdigen und merktümlichen Briefwechsel mit Putty. Und nun möchte ich so gern Ninon de Lenclos zitieren, aber ich traue mich nicht; denn dann rufen sie alle drei: „Wer ist das? Ach, erzähl mir doch nichts ...!" Und so bleibt mir nur übrig, diese Ausführungen mit dem abschließenden Wort Alfred Polgars zu beenden, der, aufgefordert, eine Monographie der Frau zu schreiben, antwortete, bisher sei ihm dazu nur ein einziger Satz eingefallen: „Alle zu wenig – und eine zu viel."
7 131-133

Als ein Schüler Freuds einmal in Amerika einen Vortrag hielt und darin sagte, alle Menschen seien im Traum egoistisch und monoman, da stand in der Diskussion eine feine Dame – vielleicht aus Boston – auf und sprach: „Das mag ja vielleicht für Österreich zutreffen. Bei uns in Amerika lieben wir auch im Traum unsern Nächsten!"
7 202

(Aus den Sprüchen des Pfarrers Otto):

„Die Frauen sind die Holzwolle in der Glaskiste des Lebens."
8 147

„Das ist nämlich Herr Meyer –!“

(...) die Frau liebt es nicht, wenn es gar so unpersönlich zugeht, und darin hat sie ja wohl auch recht.

Sieh – da steht nun die große Bank, und da hinein sollst du gehen, gnädige Frau, und einen Scheck einlösen. Einen ganz gewöhnlichen Barscheck; es ist nichts weiter nötig, als daß du deinen Namen hinten heraufschreibst und das Datum – das hat schon dein Mann getan? Um so besser – also gar nichts ist nötig, als daß du hingehst, den Scheck präsentierst, wartest ... dann bekommst du dein Geld, das zählst du ... es ist ganz einfach. Mitnichten ist es einfach.

So tut keine Frau. Eine Frau kennt in der großen Einöde der fremden Bank einen Mann. Sie kennt Herrn Meyer.

Sie kennt Herrn Meyer von einem Ball bei der Freundin; von einer Motorbootfahrt; aus Tirol; durch die Schwiegereltern – jedenfalls kennt sie ihn. Und nun kann ihr nichts mehr geschehen.

Nun geht sie frohen Gemütes in die Bank; den bösen Portier, diesen ersten und letzten Mann, sieht sie kaum an, was kann ihr der! Sie kennt doch Herrn Meyer! Und der ist mehr als der Portier. Sie hastet durch die große Halle – sie geht eigentlich gar nicht in die Bank, sie macht eher einen kleinen Privatbesuch: sie geht zu Herrn Meyer.

Da ist er. „Guten Tag, Herr Meyer!“ – Guten Tag, sagt er sehr höflich – und es setzt ein kleines herzerfrischendes Schwätzchen ein ... wie es denn so ist im menschlichen Leben ... und wie es geht ... und was die Kinder machen ... und ob Gerlachs von sich haben hören lassen – nicht? Das ist aber schade ... und wie es der Frau geht – gut? Das ist aber fein ... und, ja, Herr Meyer, ich habe hier nämlich einen kleinen Scheck ...

Herr Meyer prüft ihn. Der Scheck ist in Ordnung – aber Sie müssen nochmal an den Schalter sechs, weil es Dollars sind, gnädige Frau! Sie strahlt, sie geht, sie macht, sie tut. Hätte ihr das ein anderer gesagt, das mit dem Schalter sechs –: es wäre ihr als finstere Schikane erschienen. Aber Herr Meyer? Herr Meyer ist reizend – er hilft einem immer so nett ... Hier ist der Scheck. Da das Geld. Auf Wiedersehen, Herr Meyer! (...)

8 174

Sie ließ sich beizeiten von ihm scheiden, weil er Witze um die entscheidende Nuance zu langsam erzählte.

8 236

„Ich bin Sie nämlich eine Zwiebel!" sagte die Prinzessin und enthüllte damit, vielleicht ohne es zu wissen, das Wesen aller ihrer Geschlechtsgenossinnen.

9 92

Man sagt immer, Frauen seien unlogisch. Das ist gar nicht wahr. Die einzig wirklich logischen Wesen, die es gibt, sind die Frauen – sie sind so ernst. Sie haben freilich eine ihnen eigene Logik – aber sie nehmen alles ernst, sogar den Mann.

9 134

Warum übrigens fast alle schreibenden Frauen den zusammengesetzten, substantivierten Infinitiv anwenden! Dieses Musikalisch-schreibenwollen, aber Nicht-hinten-hochkönnen – das ist wirklich keine Freude.
9 198

Der Mensch zerfällt in zwei Teile:

In einen männlichen, der nicht denken will, und in einen weiblichen, der nicht denken kann.
9 230

Lügen haben kurze Beine, viele Frauen aber auch, das beweist also nichts. Wie kommt es nur, daß viele Lügen überhaupt ans Tageslicht gelangen –?

Das kommt daher, daß die meisten Lügner kein gutes Gedächtnis haben. Wer lügt, muß aber ein sehr gutes Gedächtnis haben. „Du hast doch aber neulich gesagt …“ so fängt es an, und dann setzt der arme geängstigte Mann, denn Frauen sagen stets die Wahrheit, setzt der Mann auf die alte Lüge eine neue. Das bekommt ihm meist nicht gut. Als alter, erfahrener Lügner kann ich nur sagen: meine Schwindeleien sind alle herausgekommen, weil ich nicht ordentlich aufgepaßt habe. Frauen passen schrecklich auf …
9 273

Nicht jeder hat die Geistesgegenwart jener Frau, auf deren Bett der Ehemann ein paar, mit Verlaub zu sagen, Hosenträger fand. „Du hast einen Liebhaber!“ rief er aus. Und die gekränkte Frau sprach würdevoll:

„Erstens habe ich keinen Liebhaber, und zweitens hat er keine Hosenträger!“ Auch lügen will gelernt sein.
9 273

Ein Ehepaar erzählt einen Witz

„Herr Panter, wir haben gestern einen so reizenden Witz gehört, den *müssen* wir Ihnen ... also den *muß* ich Ihnen erzählen. Mein Mann kannte ihn schon ... aber er ist zu reizend. Also passen Sie auf.

Ein Mann, Walter, streu nicht den Tabak auf den Teppich, da! Streust ja den ganzen Tabak auf den

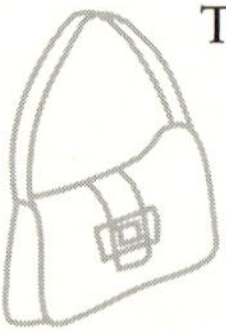

Teppich, also ein Mann, nein, ein Wanderer verirrt sich im Gebirge. Also der geht im Gebirge und verirrt sich, in den Alpen. Was? In den Dolomiten, also nicht in den Alpen, ist ja ganz egal. Also er geht da durch die Nacht, und da sieht er ein Licht, und er geht grade auf das Licht zu ... laß mich doch erzählen! das gehört dazu! ... geht drauf zu, und da ist eine Hütte, da wohnen zwei Bauersleute drin. Ein Bauer und eine Bauersfrau. Der Bauer ist alt, und sie ist jung und hübsch, ja, sie ist jung. Die liegen schon im Bett. Nein, die liegen noch nicht im Bett ...“

„Meine Frau kann keine Witze erzählen. Laß mich mal. Du kannst nachher sagen, obs richtig war. Also nun werde ich Ihnen das mal erzählen.

Also, ein Mann wandert durch die Dolomiten und verirrt sich. Da kommt er – du machst einen ganz verwirrt, so ist der Witz gar nicht! Der Witz ist ganz anders. In den Dolomiten, so ist das! In den Dolomiten wohnt ein alter Bauer mit seiner jungen Frau. Und die haben gar nichts mehr zu essen; bis zum nächsten Markttag haben sie bloß noch eine Konservenbüchse mit Rindfleisch. Und die sparen sie sich auf. Und da kommt ... wieso? Das ist ganz richtig! Sei mal still ..., da kommt in der Nacht ein Wandersmann, also da klopft es an die Tür, da steht ein Mann, der hat sich verirrt, und der bittet um Nachtquartier. Nun haben die aber gar kein Quartier, das heißt, sie haben nur ein Bett, da schlafen sie zu zweit drin. Wie? Trude, das ist doch Unsinn ... Das kann sehr nett sein!"

„Na, ich könnte das nicht. Immer da einen, der im Schlaf strampelt, also ich könnte das nicht!"

„Sollst du ja auch gar nicht. Unterbrich mich nicht immer."

„Du sagst doch, das wär nett. Ich finde das nicht nett."

„Also ..."

„Walter! Die Asche! Kannst du denn nicht den Aschbecher nehmen?"

„Also ... der Wanderer steht da nun in der Hütte, er trieft vor Regen, und er möchte doch da schlafen. Und da sagt ihm der Bauer, er kann ja in dem Bett schlafen, mit der Frau."

„Nein, so war das nicht. Walter, du erzählst es ganz falsch! Dazwischen, zwischen ihm und der Frau – also der Wanderer in der Mitte!"

„Meinetwegen in der Mitte. Das ist doch ganz egal."

„Das ist gar nicht egal ... der ganze Witz beruht ja darauf."

„Der Witz beruht doch nicht darauf, wo der Mann schläft!"

„Natürlich beruht er darauf! Wie soll denn Herr

Panter den Witz so verstehen … laß mich mal – ich werd ihn mal erzählen! – Also der Mann schläft, verstehen Sie, zwischen dem alten Bauer und seiner Frau. Und draußen gewittert es. Laß mich doch mal!"

„Sie erzählt ihn ganz falsch. Es gewittert erst gar nicht, sondern die schlafen friedlich ein. Plötzlich wacht der Bauer auf und sagt zu seiner Frau – Trude,

geh mal ans Telefon, es klingelt. – Nein, also das sagt er natürlich nicht … Der Bauer sagt zu seiner Frau … Wer ist da? Wer ist am Telefon? Sag ihm, er soll später noch mal anrufen – jetzt haben wir keine Zeit! Ja. Nein. Ja. Häng ab! Häng doch ab!"

„Hat er Ihnen den Witz schon zu Ende erzählt? Nein, noch nicht? Na, erzähl doch!"

„Da sagt der Bauer: Ich muß mal raus, nach den Ziegen sehn – mir ist so, als hätten die sich losgemacht, und dann haben wir morgen keine Milch! Ich will mal sehn, ob die Stalltür auch gut zugeschlossen ist."

„Walter, entschuldige, wenn ich unterbreche, aber Paul sagt, nachher kann er nicht anrufen, er ruft erst abends an."

„Gut, abends. Also der Bauer – nehmen Sie doch noch ein bißchen Kaffee! – Also der Bauer geht raus, und kaum ist er rausgegangen, da stupst die junge Frau …"

„Ganz falsch. Total falsch. Doch nicht das erstemal! Er geht raus, aber sie stupst erst beim drittenmal – der Bauer geht nämlich dreimal raus – das fand ich so furchtbar komisch! Laß mich mal! Also der Bauer geht raus, nach der Ziege sehn, und die Ziege ist da; und er kommt wieder rein."

„Falsch. Er bleibt ganz lange draußen. Inzwischen sagt die junge Frau zu dem Wanderer –"

„Gar nichts sagt sie. Der Bauer kommt rein ..."

„Erst kommt er nicht rein!"

„Also ... der Bauer kommt rein, und wie er eine Weile schläft, da fährt er plötzlich aus dem Schlaf hoch und sagt: Ich muß doch noch mal nach der Ziege sehen – und geht wieder raus."

„Du hast ja ganz vergessen, zu erzählen, daß der Wanderer furchtbaren Hunger hat!"

„Ja. Der Wanderer hat vorher beim Abendbrot gesagt, er hat so furchtbaren Hunger, und da haben die gesagt, ein bißchen Käse wäre noch da ..."

„Und Milch!"

„Und Milch, und es wär auch noch etwas Fleischkonserve da, aber die könnten sie ihm nicht geben, weil die eben bis zum nächsten Markttag reichen muß. Und dann sind sie zu Bett gegangen."

„Und wie nun der Bauer draußen ist, da stupst sie den, also da stupst die Frau den Wanderer in die Seite und sagt: Na ..."

„Keine Spur! Aber keine Spur! Walter, das ist doch falsch! Sie sagt doch nicht: Na ...!"

„Natürlich sagt sie: Na ...! Was soll sie denn sagen?" „Sie sagt: Jetzt wäre so eine Gelegenheit ..."

„Sie sagt im Gegenteil: Na ... und stupst den Wandersmann in die Seite ..."

„Du verdirbst aber wirklich jeden Witz, Walter!"

„Das ist großartig! Ich verderbe jeden Witz? *Du* verdirbst jeden Witz – ich verderbe doch nicht jeden Witz! Da sagt die Frau ..." „Jetzt laß *mich* mal den Witz erzählen! Du verkorkst ja die Pointe ...!"

„Also jetzt mach mich nicht böse, Trude! Wenn

ich einen Witz anfange, will ich ihn auch zu Ende erzählen ..."

„Du hast ihn ja gar nicht angefangen ... *ich* habe ihn angefangen!" – „Das ist ganz egal – jedenfalls will ich die Geschichte zu Ende erzählen; denn du kannst keine Geschichten erzählen, wenigstens nicht richtig!" – „Und ich erzähle eben meine Geschichten nach meiner Art und nicht nach deiner, und wenn es dir nicht paßt, dann mußt du eben nicht zuhören ...!" – „Ich will auch gar nicht zuhören ... ich will sie zu Ende erzählen – und zwar so, daß Herr Panter einen Genuß von der Geschichte hat!" – „Wenn du vielleicht glaubst, daß es ein Genuß ist, dir zuzuhören ..." – „Trude!" – „Nun sagen Sie, Herr Panter – ist das auszuhalten! Und so nervös ist er schon die ganze Woche ... ich habe ..." – „Du bist ..." – „Deine Unbeherrschtheit ..." – „Gleich wird sie sagen: Komplexe! Deine Mutter nennt das einfach schlechte Erziehung ..." – „Meine Kinderstube ...!" – „Wer hat denn die Sache beim Anwalt rückgängig gemacht? Wer denn? Ich vielleicht? Du! Du hast gebeten, daß die Scheidung nicht ..." – „Lüge!" – Bumm: Türgeknall rechts. Bumm: Türgeknall links.

Jetzt sitze ich da mit dem halben Witz.

Was hat der Mann zu der jungen Bauersfrau gesagt?

9 300-303

Der englische Schriftsteller William Gerhardi sprach einst: „Wenn eine Frau sagte, sie sei genau wie alle Frauen – die wäre anders."

9 308

Wenn die Geliebte Frau mit einem andern Mann flirtet, erscheint sie uns leise lächerlich. Die Steine des Kaleidoskops, das wir so gut kennen, geben ein neues Bild; wir sehen sie zum erstenmal gewissermaßen von der Seite. Eifersucht macht kritisch. Wenn Männer mit einer für sie neuen Frau beschäftigt sind, gilt das natürlich alles nicht.
9 309

Um wie viel stiller ginge es in manchen Familien zu, wenn sich alle Frauen Männer kaufen könnten!
9 323

Der Floh

Im Departement du Gard – ganz richtig, da, wo Nîmes liegt und der Pont du Gard: im südlichen Frankreich – da saß in einem Postbüro ein älteres Fräulein als Beamtin, die hatte eine böse Angewohnheit: sie machte ein bißchen die Briefe auf und las sie. Das wußte alle Welt. Aber wie das so in Frankreich geht: Concierge, Telefon und Post, das sind geheiligte Institutionen, und daran kann man schon rühren, aber daran darf man nicht rühren, und so tut es denn auch keiner.

Das Fräulein also las die Briefe und bereitete mit ihren Indiskretionen den Leuten manchen Kummer.

Im Departement wohnte auf einem schönen Schlosse ein kluger Graf. Grafen sind manchmal klug, in Frankreich. Und dieser Graf tat eines Tages folgendes:

Er bestellte sich einen Gerichtsvollzieher auf das Schloß und schrieb in seiner Gegenwart an einen Freund:

Lieber Freund!

Da ich weiß, daß das Postfräulein Emilie Dupont dauernd unsre Briefe öffnet und sie liest, weil sie vor lauter Neugier platzt, so sende ich Dir anliegend, um ihr einmal das Handwerk zu legen, einen lebendigen Floh.

Mit vielen schönen Grüßen
Graf Koks

Und diesen Brief verschloß er in Gegenwart des Gerichtsvollziehers. Er legte aber keinen Floh hinein. Als der Brief ankam, war einer drin.
10 7

Wie mache ich mich unbeliebt?

Da gibt es nun mehrere Mittel. Man kann einer Dame, die man ein Jahr nicht gesehen hat, sagen, man habe sie sofort wiedererkannt, und, wenn sie fragt, woran, antworten: „An Ihrem Hut, gnädige Frau!"
10 158

Ach ja – es ist ein liebes Geschlecht!
B 57

Frauen wollen geliebt werden

Halt auf freiem Felde

Erst fangen die Bremsen unter dem langen Wagen an, in tiefem Ton zu singen, dann läßt das regelmäßige Stuckern der Räder nach, die Fenster klirren nicht mehr so einschläfernd. Dann wird die Bewegung des D-Zuges langsamer, ganz vorsichtig zieht er nur noch einher, – dann steht er. Die nicht mehr ganz junge Engländerin in der perlgrauen Ecke des Coupés richtet sich halb hoch; sie ist schlank wie der Schaft einer Lanze, sie hat diskreten guten Geschmack, einen herrlichen Pelz, fleischfarbene seidene Strümpfe, einen hellvioletten Schatten in den Maschen und, aus Angst vor Eisenbahnräubern, eine schäbige, abgetragene schwarze Handtasche. Sie läßt ihr Buch sinken und sieht hinaus. Sie lächelt – mit einem merkwürdigen untergründigen Lächeln. Was ist? Da draußen steht vor ihrem Bahnwärterhäuschen die ganze kleine Familie! Er: ein strammer, junger Bursche, in Hemdsärmeln, nicht in Adjustierung, denn der Zug hält hier unerwartet, vorn steht ihm das Hemd über einer kräftigen Brust halb offen, seine Haut hat einen braunen Ton, seine Zähne blitzen, er lacht. Sie: eine ganz junge, verschüchterte Frau, zart, schmächtig, mit hellen, dünnen Haaren. Das Kindchen, das auf der Erde krabbelt und sich am Rock der Mutter festhält. Alle drei sehen auf den Zug. Das Kind streckt die kleinen, dicken Hände aus und will alles haben: die Eisenbahn, die vielen Leute an den Fenstern und den weißen Rauch über der Lokomotive. Die junge Frau sieht ganz glücklich und beinah ein bißchen ängstlich auf die Reisenden. Das Abteil erster Klasse hält gerade vor ihr, ihre sehnsüchtigen Blicke sagen: Perlen! und Geld, so viel Geld! und Wein! und in hohen Sälen tanzen! Sie trinkt für ihr Leben gern Champagner. Der junge Bahnwärter sieht die Leute an und lacht. Die Engländerin lächelt noch immer und zeigt eine Reihe großer Zähne. Plötzlich hat sie ein kräftiges Kinn, und die hellen Pupillen in den Augen weiten sich ... Sie ißt für ihr Leben gern Rindsbraten, gutes, kräftiges Fleisch mit Senf, auf ungehobeltem Tisch ... Einmal, in den Alpen, ist sie einem Mann begegnet, der kam von den Bergen herunter und war vier Wochen allein gewesen. Er hatte nach Erde geschmeckt, nach Quellwasser und sonnigen Steinen ... Das Kind kreischt in den Rauch, die schmächtige junge Frau starrt auf die reichen Leute, der Bursche lacht, und die Engländerin sieht noch immer fest auf den jungen Bahnwärter ... So sehen sich alle ein paar Minuten an. Aber nun ruckt der Zug an und setzt sich langsam in Bewegung.

4 7

Von der Eifersucht. Ich sagte zu Germaine: „Heute nacht habe ich von dir geträumt – aber wie!" Sie zog die Stirn kraus. „Alors tu m'as trompée avec moi!" sagte sie.

8 146f

Ein Glas klingt

Zu seinen zahllosen Albernheiten und schlechten Angewohnheiten, die einen so nervös machen können ... schließlich etwas Rücksicht kann ja ein Mann auf seine Frau wohl nehmen, finde ich ... also ich finde das wenigstens ... zu seinen dummen Angewohnheiten gehört die, eine Tischklingel oder ein Glas, das er angestoßen hat, ruhig ausklingen zu lassen! Man legt doch die Hand darauf – Mama hat das auch immer getan. Wenn etwas bei Tisch klingt, dann legt man die Hand darauf, gleich, sofort – und dann ist es still. Er läßt die Gläser ausklingen ... Rasend kann einen das machen! So, wie er morgens immer beim Rasieren so albern mit dem Pinsel klappert, also jeden Morgen, den Gott werden läßt, so stößt er mit seinen ungeschickten dicken Händen mal an die Klingel, mal an sein Glas; bing, macht das dann, diiiiing – ganz lange. So ein hoher, giftiger Ton, als ob einen was auslacht. „Leg doch die Hand darauf!" sage ich. „Du bist so nervös heute", sagt er. Dann lege ich die Hand aufs Glas. Nervös ...

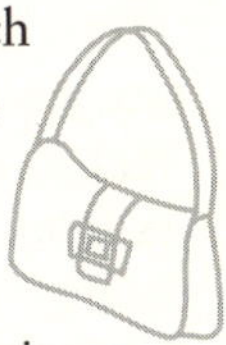

Ja, ich bin nervös. Doktor Plaschek sagts auch. Er weiß, warum. Ich weiß auch, warum.

Seit heute mittag weiß ich es, ganz genau.

Da hat er wieder an das Glas gestoßen, und das Glas hat angefangen, zu singen, und ich habe ihn bloß angesehn, ich habe ihn bloß angesehn ... Er merkt ja nichts. Und da habe ich das Glas nicht zum Schweigen gebracht; ich habe es ausklingen lassen ... ich glaube das ist in dieser Ehe der erste Ton gewesen, der wirklich ausgeklungen hat. Und das Glas hat ganz lange gesungen, ganz, ganz lange: erst böse, und dann voll und laut, und dann mittellaut, und dann sanft und leise, leise und immer leiser ... Und da habe ich es plötzlich gewußt. Manchmal hat man doch so blitzschnell irgendwelche Erkenntnisse, da weiß man denn alles, wie es so ist. Das Glas hat vielleicht eine halbe oder eine dreiviertel Minute geklungen und gesungen, und in dieser kleinen Spanne Zeit habe ich es gewußt. Man denkt so schnell.

Geklappt hat das ja von Anfang an nicht. Gott, warum hat man geheiratet – das geht heute manchmal so ... ich weiß es nicht. Ich war nicht einmal enttäuscht; ich war gar nichts. Es war etwa ungefähr so, wie wenn einer in einen See springt und hat schon den Rückenschauer wegen des kalten Wassers, und dann ist es ganz lau. Ein dummes Gefühl. Und das ist von Jahr zu Jahr schlimmer geworden; das mit dem Kind hat nichts geholfen, gar nichts. Das ist mein Kind, aber was das mit ihm zu tun hat ... Und manchmal denke ich, also Gott verzeih mir die Sünde: das ist ein fremder Mensch, ein neuer Mensch – so wie das Kind bin ich doch gar nicht, er ist auch nicht so – das ist ein fremder, fremder, kleiner Mensch.

Mit dem Mann ist kein Auskommen. Nein, wir zanken uns gar nicht, nie hat es ein böses Wort gegeben, nicht einmal das. Keine Höhen und keine Tiefen: Tiefebene. Die Norddeutsche Tiefebene ... das haben wir in der Schule gelernt ... Wenn man einen einzigen Mann kennt, sagt Helen immer, dann kennt man überhaupt keinen. Kann sein. Aber daneben einen andern ... ich mag das nicht. Na ja, Feigheit, meinetwegen; aber ich mag das nicht. Immer noch singt das Glas.

Mein Mann singt nicht. Er ist in der tiefsten Seele unmusikalisch. Er ist mir doch nun so nahe – und ist so weit weg, so weit weg ... Wenn er zärtlich ist, das kommt alle halbe Jahre einmal vor, dann ist es bestimmt an der falschen Stelle. Und wenn ich meine Katzenstunde habe, wo ich gern schnurren möchte, dann ist er nicht da, oder wenn er da ist, dann spricht er über sein Geschäft, oder er klapst mir auf den Rücken, eine schreckliche Angewohnheit ... er versteht nicht, daß ich bloß schnurren will, und daß mir nur jemand über das Fellchen streichen soll. Er weiß das nicht. Wen er wohl früher als Freundin gehabt hat?

Und jetzt klingt das Glas ganz leise. Und da hab ich gewußt: ich bin wohl auch ein bißchen schuld an der Sache. Also nicht viel – aber ein kleines bißchen. Es ist ja wahr, daß ich schon als Mädel meine Rosinen im Kopf hatte, wie Mama das nannte.

Zum Theater habe ich gehen wollen ... Herrgott, ich habe wirken wollen, auf Männer und auf Frauen und auf Menschen überhaupt ... Und weil es mit einem Beruf nicht gegangen ist, da habe ich gedacht: mit der Kunst. Und das war dann nichts; Papa hat es nicht erlaubt. Jetzt spukt das in mir herum ... und ich bin ein bißchen sauer geworden, in all der Zeit, und es ist so schön, einen Mann zu haben, dem man die ganze Schuld geben kann. Und ich habe ihn gar nicht zu mir gezogen ... da hat er denn seelisches Fett angesetzt, und es ist immer schlimmer geworden, und ich war gradezu froh, wenn er was falsch gemacht hat. Ich habe darauf gewartet, daß er mit dem Rasierzeug klappert, damit ich wieder einen Anlaß habe, ihn zu hassen und unglücklich zu sein.

Und das hat er wohl gemerkt. Und so ist das jetzt. Diing – ganz leise singt das Glas. Wir sind schuld. Wir sind beide schuld.

Soll ich nochmal von vorn anfangen? Kann ich nochmal von vorn anfangen? Scheidung? Auseinandergehen? Ein neuer Mann? Jetzt noch einen Beruf? Das Glas hat ausgeklungen, und ich werde wohl meinen Weg zu Ende gehn. Einen schweren Weg. Tausend und aber tausend Frauen gehen ihn, jeden Tag, und der leise Ton ihres unhörbaren Unglücks und ihres stummen Schmerzes dringt an mein Ohr – wenn ein Glas klingt.

8 259-261

„Ein Diplomat, mein liebes Kind, ist ein Mann, der das Geburtsdatum seiner Frau kennt und ihr Alter vergessen hat!“

4 190

NUR

Dies singt eine Dame
Im Dreivierteltakt

Manchmal auf Bällen und Festen
tritt in den Saal ein freundlicher Mann,
an Geist und Kultur von den Besten …
und macht sich an die Frauen heran.
Doch schon nach wenigen Minuten
ist alles zersprungen wie Glas –
Von Geist keine Spur,
nichts mehr von Kultur:
Nur – nur – das.

Berühmtheit ist ja kein Einwand
gegen Männer, die in den Filmen stehn.
Ich lüpfte neulich die Leinwand,
ich wollt mal einen näher sehn.
Ach, war das eine Enttäuschung!
Ich bekam einen kältenden Haß –
Von Herz keine Spur,
eine Karikatur ...
Und
    nur – nur – das.

Ich nahm den Tee und den Kuchen
in Berlin und Frohnau und mal hier und mal dort.
Nun, dacht ich, willst mal versuchen
eine Freundschaft mit einem Herrn vom Sport.
Der bricht das eigne Training –
auf wen ist denn heut noch Verlaß ...?
Von Hirn keine Spur,
eine hübsche Figur –
aber sonst
    nur – nur – das.

Wie kann man Frauen so verkennen?
Mein Gott, sie sind ja gar nicht so!
Gewiß, es will jede entbrennen ...
aber doch nicht stets und irgendwo!
Auf Harfen kann jedermann klimpern,
es fragt sich nur: Wer spielt – und was ...
Und spielt er dann nur
nach unsrer Natur –:
Dann gern
    auch das

8 133-134

Die Frau spricht

1. Die geschiedene Frau

Ja … da wär nun also wieder einer …
    das ist komisch!
Vor fünf Jahren, da war meiner;
dann war eine ganze Weile keiner …
    Und jetzt geht ein Mann in meiner Wohnung um,
    findet manches, was ich sage, dumm;
    lobt und tadelt, spricht vom Daseinszwecke
    und macht auf das Tischtuch Kaffeeflecke –
        Ist das alles nötig –?

Ja … er sorgt. Und liebt. Und ists ein trüber
Morgen, reich ich meine Hand hinüber …
    Das ist komisch:
Männer … so in allen ihren Posen …
Und frühmorgens in den Unterhosen …
Plötzlich wohnt da einer auch in meiner Seele.
Quält mich; liebt mich; will, daß ich ihn quäle;
dreht mein Leben anders, lastet, läßt mich fliegen –
siegt, und weil ich klug bin, laß ich mich besiegen …
        Habe ich das nötig –?

Ich war ausgeglichen. Bleiben wir allein,
    … komisch …
sind wir stolz. So sollt es immer sein!
    Flackerts aber, knistern kleine Flammen,
    fällt das alles jäh in sich zusammen.
    Er braucht uns. Und wir, wir brauchen ihn.

Liebe ist: Erfüllung, Last und Medizin.
Denn ein Mann ist Mann und Gott und Kind,
weil wir so sehr Hälfte sind.
    Aber das ist schließlich überall:
    der erste Mann ist stets ein Unglücksfall.
    Die wahre Erkenntnis liegt unbestritten
    etwa zwischen dem zweiten und dem dritten.
Dann weißt du. Vom Wissen wird man nicht satt,
aber notdürftig zufrieden, mit dem, was man hat,
Amen.

9 99-100

Malwine

Ich habe mich deinetwegen
gewaschen und rasiert.
Ich wollte mich zu dir legen
    mit einem Viertelchen,
    mit einem Achtelchen –
        Malwine!
Doch du hast dich geziert.

Der Kuckuck hat geschrien
auf deiner Schwarzwalduhr.
Ich lag vor deinen Knien:
    „Gib mir ein Viertelchen!
    Gib mir ein Achtelchen!
        Malwine!
Ein kleines Stückchen nur!“

Dein Bräutigam war prosaisch.
Demselben hat gefehlt,
dieweilen er mosaisch,
    ein kleines Viertelchen,
    ein kleines Achtelchen ...
das hätt dich sehr gequält!

Du hast mir nichts gegeben
und sahst mich prüfend an.
Das, was du brauchst im Leben,
    sei nicht ein Viertelchen,
    und nicht ein Achtelchen ...
das sei ein ganzer Mann –!

Mich hat das tief betroffen.
Dein Blick hat mich gefragt ...
Ich ließ die Frage offen
und habe nichts gesagt
    Daß wir uns nicht besaßen!
So aalglatt war mein Kinn.
Nun irr ich durch die Straßen ...
        Malwine –!
Und weine vor mich hin.

8 288-289

(...) es gibt Briefempfängerinnen, die nehmen es einem todübel, wenn sie einen Brief bekommen, der die Worte:

Mein geliebtes Herz

getippt enthält ...

9 98

Liebe, was ist das?

„Muß denn immer gleich von Liebe die Rede sein?“ – Ja.
10 20

… ich glaube, daß man erst durch Himmel und Hölle hindurch muß, ehe man frei und gescheit ein Mädchen küßt, eine Frau liebt und eine Sommernacht lang vergnügt ist.
2 417

(…) Und was sie Dir da erzählt haben, daß auch die heißeste Liebe einmal nachläßt … Ach ja, das ist wohl sehr weise und natürlich richtig und falsch. Denn sie läßt nicht nach – sie wird nur ganz anders, und man küßt nach zehn Jahren vielleicht nicht mehr so heiß, aber inniger und viel verstehender. Nur: daß es nicht oft vorkommt, weil die Mehrzahl der Herrschaften die Nacht mit dem Tage verwechseln und das Boudoir mit dem Wohnzimmer, und dann wundern sie sich, wenns nicht ewig vorhält. *Das* hält allerdings nicht lange vor.
B 220

Sie schliefen wenig in diesen Nächten, denen die Dunkelheit fehlte; sie haßten den Schlaf, weil er sie voneinander riß, jeden in seine Dumpfheit oder seinen Traum, den der andere nicht teilte.

Leben hieß: voneinander wissen, ineinander wurzeln, aufeinander vergehen.

B 313

Und wenn ihr mit goldenen Zungen redet und hättet der Liebe nicht ...! „Geld allein macht nicht glücklich, man muß es auch haben!“ sagt ein altes Wort. Nein, man muß auch eine Welt haben, in der man ohne Scham glücklich sein kann.

3 316

Das Liebesgespenst

Das Liebesgespenst übt sein Gewerbe im Umherziehen aus. Es hat stets alte Fotografien bei sich und kann ein schönes Lied singen: „Ja – hättest du damals!“ Dann werden Liebende leicht nachdenklich. Das Liebesgespenst hat kein Geschlecht, bewegt sich in Frauenröcken wie in Herrenfräcken und wirft auf weiße Vorhänge mit einer kleinen Laterna magica bunte Bilder: Sieh, wie hübsch Arthur ist! Was hältst du von Helene –? Das Liebesgespenst hat ein Salzbüchschen, damit streut es den Liebenden Salz ins Herz. Es verändert Frisuren, läßt Bartstoppeln wachsen, verdirbt manchmal mit einer künstlich erzeugten Sommersprosse ganze Ehen und ist an sämtlichen Überraschungen („Himmel, mein Mann!“) schuld.

Das Liebesgespenst gespenstert durch Bälle, auf Tanzdielen, durch Schlafzimmer und Salons – es macht Männer zur Unzeit korpulent und Frauen unvorteilhaft dünn. Es hat noch nie Liebende zueinander und

zusammengebracht – es ist ein Gegner der Liebe. Manchmal bringt es aber doch ein Paar zusammen – das ist dann aber auch danach. Liebesgespenster sind Optiker – sie setzen den in Mitleidenschaft gezogenen Parteien Brillen auf, schwarze, rosenrote, gebatikte …

Das Liebesgespenst kommt in allen Weltteilen wild vor.

Das Liebesgespenst gaukelt dem Verliebten das Mädchen vor, betörend. Hat er sie, dreht es eine Lampe auf – entzaubert, enttäuscht, melancholisch sieht der Düpierte, was er sich da eingekauft hat. Dann geht ein trocknes Rascheln durchs Zimmer. Das Gespenst hat gelacht. „Was war das?“ haucht die verliebte Braut. „Nichts – meine Hosenträger!“ sagt der Bräutigam.

4 81

Kein Feuer, keine Kohle
kann brennen so heiß
wie die heimliche Liebe
von der niemand nichts weiß.

5 198

Ehekrach

(...)
Was ist der Nagel jeder Ehe?
Zu langes Zusammensein und zu große Nähe.

Menschen sind einsam. Suchen den andern.
Prallen zurück, wollen weiter wandern ...
Bleiben schließlich ... Diese Resignation:
Das ist die Ehe. Wird sie euch monoton?
Zankt euch nicht und versöhnt euch nicht:
Zeigt euch ein Kameradschaftsgesicht
und macht das Gesicht für den bösen Streit
lieber, wenn ihr alleine seid.

Gebt Ruhe, ihr Guten! Haltet still.
Jahre binden, auch wenn man nicht will.
Das ist schwer: ein Leben zu zwein.
Nur eins ist noch schwerer: einsam sein.
6 48-49

Konjugation in deutscher Sprache

Ich persönlich liebe
du liebst irgendwie
er betätigt sich sexuell
wir sind erotisch eingestellt
ihr liebt mit am besten
sie leiten die Abteilung: Liebe
6 131

Und es ist dir kalt über den Rücken gelaufen, denn du hast ja damals schon gewusst: eine dauernde Bindung zu einer Frau ist nur möglich, wenn man im Theater über dasselbe lacht. Wenn man gemeinsam schweigen kann. Wenn man gemeinsam trauert. Sonst geht es schief; sonst geht es schief; sonst geht es schief.
8 166

Liebe ist, wenn sie dir die Krümel aus dem Bett macht.
8 236

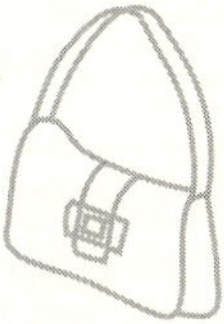

Und dann sprachen wir von der Liebe. Das ist wie bei einer bayrischen Rauferei – die raufen auch erst mit Worten.
9 12

Man denkt oft, die Liebe ist stärker als die Zeit. Aber immer ist die Zeit stärker als die Liebe.
9 48

Zur Heirat gehört mehr als nur vier nackte Beine ins Bett.
9 53

Liebespaar am Fenster

Dies ist ein Sonntagvormittag;
wir lehnen so zum Spaße
leicht ermüdet zum Fenster hinaus
und sehen auf die Straße.
Die Sonne scheint. Das Leben rinnt.
Ein kleiner Hund, ein dickes Kind ...
Wir haben uns gefunden
für Tage, Wochen, Monate
und für Stunden – für Stunden.

Ich, der Mann, denke mir nichts.
Heut kann ich zu Hause bleiben,
heute geh ich nicht ins Büro –
... an die Steuer muß ich noch schreiben ...
Wieviel Uhr? Ich weiß nicht genau.
Sie ist zu mir wie eine Frau,
ich fühl mich ihr verbunden
für Tage, Wochen, Monate
und für Stunden – für Stunden.

Ich, die Frau, bin gern bei ihm.
Von Heiraten wird nicht gesprochen.
Aber eines Tages will ich ihn mir
ganz und gar unterjochen.
Die Dicke, daneben auf ihrem Balkon,
gibt ihrem Kinde einen Bonbon
und spielt mit ihren Hunden ...
So soll mein Leben auch einmal sein –
und nicht nur für Stunden – für Stunden.

Von Kopf zu Kopf umfließt uns ein Strom;
noch sind wir ein Abenteuer.
Eines Tages trennen wir uns,
eine andere kommt … ein neuer …
Oder wir bleiben für immer zusammen;
dann erlöschen die großen Flammen,
Gewohnheit wird, was Liebe war.
Und nur in seltenen Sekunden
blitzt Erinnerung auf an ein schönes Jahr,
und an Stunden – an glückliche Stunden.

6 290

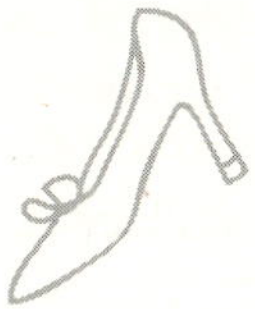

Ja. Man versteht es selber nicht, wie das möglich ist: erst geliebt, geliebt mit allen Herzschlägen, und nun gleichgültig wie ein alter Stuhl.

9 296

In der Ehe pflegt gewöhnlich immer einer der Dumme zu sein. Nur wenn zwei Dumme heiraten –: das kann mitunter gut gehn.

10 108

Det Schönste an der Liebe ist die Liebe selber.

8 46

Danach

Es wird nach einem happy end
im Film jewöhnlich abjeblendt.
  Man sieht bloß noch in ihre Lippen
  den Helden seinen Schnurrbart stippen –
  da hat sie nu den Schentelmen.
    Na, un denn –?

Denn jehn die beeden brav ins Bett.
Na ja … diß is ja auch janz nett.
  A manchmal möcht man doch jern wissn:
  Wat tun se, wenn se sich nich kissn?
  Die könn ja doch nich imma penn …!
    Na, un denn –?

Denn säuselt im Kamin der Wind.
Denn kricht det junge Paar 'n Kind.
  Denn kocht sie Milch. Die Milch looft üba.
  Denn macht er Krach. Denn weent sie drüba.
  Denn wolln sich beede jänzlich trenn …
    Na, un denn –?

Denn is det Kind nich uffn Damm.
Denn bleihm die beeden doch zesamm.
  Denn quäln se sich noch manche Jahre.
  Er will noch wat mit blonde Haare:
  vorn doof und hinten minorenn …
    Na, un denn –?

Denn sind se alt.
Der Sohn haut ab.
Der Olle macht nu ooch bald schlapp.
Vajessen Kuß und Schnurrbartzeit –
Ach, Menschenskind, wie liecht det weit!
Wie der noch scharf uff Muttern war,
det is schon beinah nich mehr wahr!
Der olle Mann denkt so zurück:
wat hat er nu von seinen Jlück?
Die Ehe war zum jrößten Teile
vabrühte Milch un Langeweile.
Und darum wird beim happy end
im Film jewöhnlich abjeblendt.
8 92

Liebespaar in London

(...)
Sie stehen mitten im Weg, er und sie, und rechts und links fluten die Leute an ihnen vorüber. Sie sehen sie nicht. Sie sehen sich an. Ich kehre langsam um und gehe langsam an ihnen vorüber. Ich bin viermal umgekehrt, und ich bin viermal an ihnen vorüber gegangen.

Sie sprechen nichts. Sie sehen sich an. Sie sehen sich nur immerzu an.

Er spricht mit den Augen: „So kann das doch nicht weitergehn“, sagt er, ohne den Mund aufzutun. „Das geht nun schon seit Wochen so – aber so kann das doch nicht weitergehn! Hier stimmt doch etwas nicht! Ist da ein andrer? Natürlich ist da ein andrer. Ich kann mir auch denken, wer es ist. Ich weiß, wer es ist. Sybil! Dazu alle unsre Liebe? Dazu?“ – Sie antwortet mit den Augen, sie antwortet wenig. „Ich weiß nicht“, sagte sie, ohne den Mund aufzutun. „Ich weiß nicht. Ich habe ja nichts gegen dich.“ Sie ist ganz in sich gekrochen; die wahre Sybil hat sich zurückgezogen, und eine etwas repräsentative Sybil steht da und weist mit den schwarzen, schönen Augen einen Angriff zurück. Sie braucht ihn kaum zurückzuweisen – die Mauern sind so hoch ...

Sybil ...!“ sagen seine Augen. Nichts sagen ihre Augen.

„Weißt du noch“ sagen seine Augen. „Weißt du noch? Weißt du noch den hübschen Abend am Ufer, wo nebenan im Zelt das Grammophon gespielt hat,

und wo wir hinter den Bäumen zu der fremden Musik getanzt haben? Und dann sind wir weiter fortgetanzt, immer weiter, immer weiter, und wir haben die Musik nur noch ganz leise durch die Zweige gehört. Weißt du noch?“ – Nichts sagen ihre Augen. Sie stehen unbeweglich, in diesem brausenden Strom der Menschen, und manche stoßen sie an, aber sie merken es nicht. „Weißt du noch?“ sagen seine Augen. „Wir sind durch Hampstead gegangen, ich habe dich nach Hause gebracht, und seitdem kenne ich jeden Gartenzaun und jeden Pfahl und jedes Haus auf diesem Weg – an allem und jedem hängt ein Wort von dir ... weißt du noch?“ Ihre Augen sind nun gesenkt, wie ein Schleier liegt es auf ihnen, sie antwortet nicht. Ich sehe, wie er seine Augen mit Gewalt siegen lassen will – es hilft ihm nichts, sie ist stärker. Er bäumt sich auf, er ist doch ein Mann; aber es hilft ihm nichts, denn sie ist eine Frau. Er versteht das nicht. Nie versteht ein Liebender, daß was

gewesen ist, einst nicht mehr gelten kann – es war doch aber einmal! Und da meinst du, Tor, es müsse immer sein? Aber es ist nicht immer.
9 228-229

Ballade

Da sprach der Landrat unter Stöhnen:
„Könnten Sie sich an meinen Körper gewöhnen?"
Und es sagte ihm Frau Kaludrigkeit:
„Vielleicht. Vielleicht.
Mit der Zeit – – – mit der Zeit ..."
Und der Landrat begann allnächtlich im Schlafe
laut zu sprechen und wurde ihr Schklafe.
und er war ihr hörig und sah alle Zeit
Frau Kaludrigkeit – Frau Kaludrigkeit!

Und obgleich der Landrat zum Zentrum gehörte,
wars eine Schande, wie daß er röhrte;
er schlich der Kaludrigkeit ums Haus ...
Die hieß so – und sah ganz anders aus:
Ihre Mutter hatte es einst in Brasilien
mit einem Herrn der bessern Familien.
Sie war ein Halbblut, ein Viertelblut:
nußbraun, kreolisch; es stand ihr sehr gut.
Und der Landrat balzte: Wann ist es soweit?
Frau Kaludrigkeit – Frau Kaludrigkeit!

Und eines Abends im Monat September
war das Halbblut müde von seinem Gebember
und zog sich aus. Und sagte: „Ich bin ..."
und legte sich herrlich nußbraun hin.

Der Landrat dachte, ihn träfe der Schlag!
Unvorbereitet fand ihn der Tag.
Nie hätt er gehofft, es noch zu erreichen.
Und er ging hin und tat desgleichen.

Pause

Sie lag auf den Armen und atmete kaum.
Ihr Pyjama flammte, ein bunter Traum.
Er glaubte, ihren Herzschlag zu spüren.
Er wagte sie nicht mehr zu berühren …
Er sann, der Landrat. Was war das, soeben?
Sie hatte ihm alles und nichts gegeben.
Und obgleich der Landrat vom Zentrum war,
wurde ihm plötzlich eines klar:
Er war nicht der Mann für dieses Wesen.
Sie war ein Buch. Er konnt es nicht lesen.
Was dann zwischen Liebenden vor sich geht,
ist eine leere Formalität.

Und so lernte der Mann in Minutenfrist,
daß nicht jede Erfüllung Erfüllung ist.
Und belästigte nie mehr seit dieser Zeit
die schöne Frau Inez Kaludrigkeit.
8 325-326

Ein kleines bisschen Zärtlichkeit

14. Juli 1918

Heute morgen, als ich aufwachte – Weiß Er, wie ein lendemain ist? – Es ist so eine merkwürdige halbe Stunde dabei – man ist noch nicht wach, aber man schläft auch nicht mehr, man gönnt sich noch ein paar Minuten und genießt ganz intensiv und bewußt-unbewußt die Ruhe. Es ist die gegebene Stunde, wo jemand da sein müßte, den man in die Arme nimmt und ins Haar küßt … Sturm ist da nicht, aber jedes Glied, jedes Faserchen und Härchen sagt: komm! ich bin bei dir. Es gibt so wenig Stunden, in denen aus zweien einer wird – dies ist eine. Und wenn das alles *nicht* ist, zur Zeit, dann friert man, und es macht keinen Spaß.

B 104

Das Eigentliche für den Großstadtmenschen, das ist: dieses Sichverfressen in eine Frau, dieser Drang, ganz in sie hineinzukriechen, sie ganz zu haben (also viel mehr als nur ihren Körper), ganz, ganz, ganz auszukosten, was die Stunde bietet und der Tag und auch die Nacht.

Es ist aber schön, wenn man einer begegnet, die ebenso fühlt – ich streiche ihr über die Hand und weiß, was sie denkt; ich höre ihr Herz klopfen und weiß: es ist meins, das da schlägt. –

B 46

Paris, den 14-11-27
Liebes Lottchen, Du wirst mir ja gewiß nicht alles schreiben, was Du so machst, aber das soll mich nicht hindern, Dir mal was zu sagen, Du bist sogar ein sehr dicker Kamerad gewesen, und nicht bloß ein Lichtlein im Berliner Gesümpf. *Ich habe da in der Voss einen Spaß auf die Spessartreise geschrieben* (auch auf unsere), und ich weiß nicht, ob sie das bringen. Aber ich habe mich sehr hüten müssen, da mit allem herauszukommen, was ja schamlos wäre. Gedenfalls war es Mamma und Freindin und Kamerad in einem, und ich habe, wenn ich auch ein paarmal mehr, als nötig war, das Maul gehalten habe, eine mächtige Sehnsucht. Und ich habe viel weniger Talent zum Doppelleben, als Du denkst, weil ich Dich wirklich gern habe, und ich falle dann immer gleich schräg nach vorn – „ein gefühllos Herz ist ein kostbar Gut – auf der wankenden Erde" – und ich kann das gar nicht. Und ich habe Dich mächtig lieb, und mir tut verschiedenes sehr leid. Unter anderm, daß ich nicht genug gestreichelt habe, und wenn der lb. Gott das will und wir auch, dann will ich, es gern nachholen. Du wirst mir dann vor dem Einschlafen eine große Geschichte von einem Abessynier erzählen, den wo Du gehabt hast und wie abessynisch es gewesen ist – und ich werde mit gekreuzten Beinen an Deinen Lippen hängen. (O hinge ich!) – Und dann wirst Du mir noch mal die Hand geben und einschlafen. Und ich werde ebbes in die Dunkelheit sinnen, wie daß man nie, nie alles zusammen hat – mal fehlt uns das Lottchen, mal fehlt uns das Geldchen –, und wie schön es im Lehm eingerichtet ist. Immerhin: eine harte Unterlage zieht durch mein Gemüt, silbernes Geläute. Und wennste

heute ahmt auch mit den neuen Kerl ausgehst: ich habe Dich doch sehr lieb. Und das wird auch gar nichts daran ändern. Er soll Dir nur nichts ins Häuschen tragen.

Mit einem alten daddy-Küßchen
der intensive Schweiger
daddy
Ehrenmitglied des R. D. K.
Senior des Kissenbrummer-Verbandes
ehemal. Anlieger bei Lottchen

I 94-95

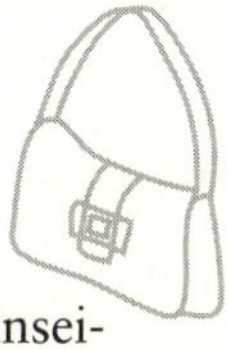

Du saßest in dem großen Armstuhl, im braunseidenen Kleide, und ich hielt deine Hand. Dein blondes Haar schimmerte, das Lampenlicht brannte, es war ganz still. Wir sprachen nicht. Du wußtest, was ich jetzt sagen würde, noch sagte ich es nicht. Ich wartete.

Begehren, was ist Begehren! Weit, weit darüber hinaus bindet zwei Menschen mehr als jedes dumme Bettabenteuer eine Zusammengehörigkeit, die in einem Streicheln der Hand ausgedrückt ist, in einem Blick, einem Zusammenschauern: wir beide. Das wußtest du damals, wie du es heute weißt.

Und da zitterten mir die kleinen Takte durch den Sinn, aus dem Karneval, ‹Aveu› genannt, die ganz schüchtern, ganz leise an ein Tor anpochen. Wird aufgetan? Und ich sagte die paar Worte.

Wenn aber zwischen Mann und Frau ein ganzes Leben lang diese Feinheit, diese Zartheit und dieser Zusammenklang herrscht, sie fest umfängt und bindet, wie damals in der ersten Stunde –: dann ist es gut.

B 215

Sie schläft

Morgens, vom letzten Schlaf ein Stück,
nimm mich ein bißchen mit –
auf deinem Traumboot zu gleiten ist Glück –
Die Zeituhr geht ihren harten Schritt …
    pick-pack …

„Sie schläft mit ihm“ ist ein gutes Wort.
Im Schlaf fließt das Dunkle zusammen.
Zwei sind keins. Es knistern die kleinen Flammen,
aber dein Atem fächelt sie fort.
Ich bin aus der Welt. Ich will nie wieder in sie zurück –
Jetzt, wo du nicht bist, bist du ganz mein.
Morgens, im letzten Schlummer ein Stück,
kann ich dein Gefährte sein.

6 247

Es ist

Es ist so viel unverbrauchte Zärtlichkeit in Hotel-
    zimmern,
wo sie allein liegen:
ein Mann, oder eine Frau, oder ein angebrochenes
    junges Mädchen –
in leiser Lächerlichkeit liegen wir allein.

Es ist eine Einsamkeit, umflossen
von den Strömen des städtischen Gases,
des elektrischen Stromes, für alle gemacht,
einer Zentralheizung, eines Zentralessens, einer
    Zentralzeitung …
aber ein kleiner Fleck ist noch da,
auf dem sind wir allein.

Jeder liegt in seiner Schublade.
Die kleinen Härchen auf den Oberarmen schwanken
suchend im Luftzug,
wie die Greifer der Meerespflanzen in strömendem
Wasser;
die Haut langweilt sich.

Wenn jetzt einer käme und sagte: „Bitte sehr!
ich liege Ihnen zur Verfügung!"
wenn ich jetzt durch die Wand ginge zu meiner
Nachbarin –
(„Man ist doch keine Hure! ich werfe mein Leben
nicht in Hotels weg!" – Kusch.)
– wenn jetzt eine dicke Dame käme, mich im Bad
zu massieren;
wenn sich jetzt der Jungen ein verständiger Mann
gesellte, der sie nur streichelte …
ungenützt ist die Nacht.

Dreivierteleins.
Es kocht in den Röhren des Badezimmers;
badet jemand noch so spät?

Neugierig sind wir auf fremde Körper.
Wie legen Sie abends das Hemd auf den Stuhl?
Lieben Sie Fruchtsalz?
Ziehen Sie Ihre Uhr morgens oder abends auf?
Und in der Liebe?
Sind Sie gesund? Verzeihen Sie, ich habe solche
Furcht vor Krankheiten –
das ist ein Teil meiner Tugend.

I'm in love again –
nein, das eigentlich nicht:
es sollte nur jemand da sein, an dem ich mich spüren kann.
Warum, 318 (mit Bad) liegen Sie so allein?
Denkbar wäre auch eine Hotelgeisha, die höflich liebt,
und die auf der Rechnung nur als kleiner, diskreter Kreis vermerkt ist –
aber schöner wäre ein Gast.

Warum kommt nie ein Einsamer zu einer Einsamen?
Stolz kriechen wir in unser zuständiges Gehäus,
hygienisch, unnahbar, vernünftig,
allein.

Knips das Licht an, sagt der Schlaflose zu sich selbst
(er duzt sich, weil er sich schon so lange kennt) –
und lies noch ein bißchen.
Du hast zu viel Pfirsich-Melba gegessen, daher solche Gedanken,
Luftblasen auf dem Meer der innern Sekretion.
Du bist überhaupt gar nicht allein. Du hast eine Zeitung. Lies:

8. Fortsetzung *Nachdruck verboten.*

Schließlich raffte sie ein Spiel Karten auf, kauerte sich neben den Kamin und begann, eifrig und hingegeben zu mischen.

„Ich kam in der Absicht", begann er mit einer nicht ganz festen Stimme, „noch heute um Ihre Hand anzuhalten." *Das schöne Mädchen*

6 263-264

Sie, zu ihm

Ich hab dir alles hingegeben
mich, meine Seele, Zeit und Geld.
Du bist ein Mann – du bist mein Leben,
du meine kleine Unterwelt.
Doch habe ich mein Glück gefunden,
seh ich dir manchmal ins Gesicht:
Ich kenn dich in so vielen Stunden –
nein, zärtlich bist du nicht.

Du küßt recht gut. Auf manche
Weise zeigst du mir, was das ist: Genuß.
Du hörst gern Klatsch. Du sagst mir leise,
wann ich die Lippen nachziehn muß.
Du bleibst sogar vor andern Frauen
in gut gespieltem Gleichgewicht;
man kann dir manchmal sogar trauen …
aber zärtlich bist du nicht.

O wärst du zärtlich!
Meinetwegen
kannst du sogar gefühlvoll sein.
Mensch, wie ein warmer Frühlingsregen
so hüllte Zärtlichkeit mich ein!
Wärst du der Weiche von uns beiden,
wärst du der Dumme. Bube sticht.
Denn wer mehr liebt, der muß mehr leiden.
Nein, zärtlich bist du nicht.

9 316

Die Frau spricht

2. Eine Frau denkt

Mein Mann schläft immer gleich ein ... oder er
raucht seine Zeitung und liest seine Zigarre
... Ich bin so nervös ... und während ich an die
Decke starre, denke ich mir mein Teil.
Man gibt ihnen so viel, wenigstens zu Beginn.
Sie sind es nicht wert.
Sie glauben immer, man müsse hochgeehrt
sein, weil man sie liebt.
Ob es das wohl gibt:
ein Mann, der so nett bleibt, so aufmerksam
wie am ersten Tag, wo er einen nahm ...?
Einer, der Freund ist und Mann und Liebhaber;
der uns mal neckt,
mal bevatert, der immer neu ist, vor dem man
Respekt
hat und der einen liebt ... liebt ... liebt ...
ob es das gibt?

Manchmal denke ich: ja.
Dann sehe ich: nein.
Man fällt immer wieder auf sie herein.
Und ich frage mich bloß, wo diese Kerls ihre
Nerven haben.
Wahrscheinlich ... na ja. Die diesbezüglichen Gaben
sind wohl ungleich verteilt. So richtig verstehen sie
uns nie.
Weil sie faul sind, murmeln sie was von Hysterie.
Ist aber keine. Und wollen wir Zärtlichkeit,
dann haben die Herren meist keine Zeit.

Sie spielen: Symphonie mit dem Paukenschlag.
Unsere Liebe aber verzittert, das ist nicht ihr
Geschmack.
Hop-hop-hop – wie an der Börse. Sie sind eigentlich
nie
mehr als erotische Statisterie.
Die Hauptrolle spielen wir. Wir singen allein Duett,
leer in der Seele, bei sonst gut besuchtem Bett.

Mein Mann schläft immer gleich ein, oder er dreht
sich
um und raucht seine Zigarre.
Warum? Weil …
Und während ich an die Decke starre,
denke ich mir mein Teil.
9 100-101

Die ideale Frau

Leuchtender, leuchtender Tag! – Da-sein, voraussetzungsloses Dasein und immerfort wissen, daß eine ist, die gleich fühlt, gleich denkt … (Denkt, fühlt sie wirklich? Aber ist das nicht einerlei, wenn wir nur glauben?) Nun, wir *glauben* eben einmal, daß wir uns nur deshalb nicht begegnen, weil wir nebeneinander demselben Ziele zulaufen, gleich strebend, parallel – … Dies zu wissen – das ist Glück. Ein Seitenblick genügt: all deine Empfindungen sind hier noch einmal, aber umkleidet mit dem Reiz des Fremden. Wozu noch sprechen? – Wir wissen ohnehin. Wozu versichern, betonen? – Wir wissen, wir wissen. Und das Erlebnis und ich und sie – das gibt einen Klang, einen guten Dreiklang.

1 73

Kindertheater

Geschrieben für Franz Werfel

Wie war das doch? –

Schon der Nachmittag war unruhig und bewegt – Theater! Und wir gingen von zu Hause fort, durch die noch hellen Straßen, blind für alles Licht, vorwärtsstrebend, stumm. Das große Gebäude, die Kasse, die vielen Menschen, – drängte sich nicht ein Mädchen mit blauschimmernden Flügeln am Rücken durch sie alle? – die Garderobe – das wurde ungeduldig und schnell, hastig erledigt.

Wir traten in den riesigen Raum voll Lichtern, heißer Luft und summenden Gesprächen. Wir kamen stets spät; der Saal verdunkelte sich, und unten im Orchester klopfte ein Stäbchen aus Holz. Und Töne, die bis dahin gebrummt und quinkiliert hatten, verstummten, und der Strich von zwanzig Geigen setzte ein. O süßer Moment, wenn die Ouvertüre beginnt, im Halbdunkel der wenigen Lämpchen schwimmen Gesichter, helle Schöße der Frauen, oben bauscht sich der Vorhang ein wenig ... Musik! Die Musik spielte – und die Backen wurden heiß und die Hände, Musik, immer noch Musik, und jetzt erhob sich der Vorhang. Das Stück begann.

Und für uns war es immer dasselbe: mochte es der Wallenstein sein, oder die gute Fee Roswitha, oder Zwerg-Nase, oder Tell – immer war da eine junge Schauspielerin, – vielleicht immer eine andere, – die, in die schlanken Hosenbeine eines Jungenanzugs gesteckt, ihr Geschlecht auf ebenso reizende wie unvollkommene Art verleugnete ...

Wie tat sie das! – Gleich in der zweiten Szene lief sie durch die Mitteltür, die Bühne durchkreuzend, zum Vordergrund, verbeugte sich schelmisch und sagte in einem hohen Alt zur Heldin des Stückes eine zwitschernde Ungezogenheit – und Frohsinn und Übermut – hieß sie nicht auch so? Prinz Übermut? – war auf der Bühne. Sie

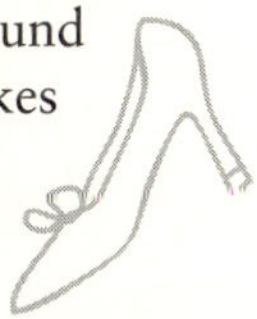

tollte herum, teilte Klapse aus, puffte, schnitt Gesichter, drehte sie nicht der ehrwürdigen Königin Mama hinter ihrem Rücken eine lange Nase? Und als die kleine Häußler, ein begabtes Kind von acht Jahren, mit der Stimme einer Fünfjährigen ein Gedicht aufzusagen begann, und ein Rauschen der Bewunderung durch das entzückte dunkle Haus ging, da vermochte sie es, als die einzige, dieser kleinen, uns affig erscheinenden Person keine Beachtung zu schenken, sondern sie heftete während der ganzen Zeit – selige fünf Minuten! – ihre dunkelbraunen Augen nachdenklich auf den zitternden Kopfputz der Königin. Und wir vermißten sie schmerzlich, als die Bühne sich mit den Figuren des Balletts füllte, mit jungen, nicht allzu hübschen Mädchen, die an diesem Abend die Aufgabe hatten, die Geräte einer Küche etwa, vielerlei Arten von Gemüsen oder die weißbemützten Lehrlinge eines Kochs darzustellen ... Und wenn wir auch lachen mußten, als der berühmte kleine Franzose; Herr Petit Petit, sich über die Bühne kugelte und sich dem begeisterten Publikum als ein nettes, hübsch gewachsenes Kerlchen präsentierte, so vermißten wir doch sie, und immer nur sie, und Helle und Heiterkeit und freudige Erregung war erst wieder um uns, als ein jemand durch die Seitenkulisse in die dunkle, blaugrüne Waldszene marschierte und mit halblauter Stimme vor sich hinsagte:

„Hat da jemand geweint? Hat da jemand gelacht?
Ist es am Tag, oder ist es Nacht?
Bin ich im Wald oder bin ich an der See?
Bin ich ein Waldvögelein oder bin ich eine Fee?“

So ging sie und war ein Prinz und doch bettelarm, trug sich in Lumpen und hatte kein Bettchen, darin sie schlafen konnte, weil ein mächtiger Zauberer es so wollte.

Aber das eigentümlichste und reizvollste war doch, daß hinter diesem verkleideten Prinzen oder dem drolligen Straßenjungen die bürgerliche Existenz der jungen Schauspielerin nie völlig verschwand. Was war es doch für ein Wesen, das da oben in Glanz und Licht und fröhlichem Lärm uns beglückte? – Es war im Grunde doch das Fräulein Macdonald, eine junge Dame, die einen schlanken Körper und gepuderte Hände besaß, einige matt blitzende Ringe, ein ausgelassenes Knabenlachen und unsere ganze Sehnsucht. Wenn ihre braunen Augen fröhlich glänzten, wurden wir unten, im halbdunklen Parkett, fröhlich und traurig zugleich. Würden wir sie jemals anders Wiedersehen, als hier im Theater, in einem albernen, aber ach! so reizenden Kostüm? – Besaß nicht vielmehr sie, Ly Macdonald, in der Stadt irgendwo in einer blumigen, schnurgeraden Straße eine kleine, dreizimmerige Wohnung, die zu betreten unser ganzes Glück ausgemacht hätte? – Einmal bei ihr zu sitzen und zu sagen: Ly! und leise diese kleine, gepuderte Knabenhand zu streicheln … War sie nicht die allererste? – Mochten die andern da oben sich noch so blähen, mochte die Königin des Stückes noch so verführerisch gleißen, Blicke wie Pfeile versenden, mochten sich alle um sie scharen, nur um ihr zu dienen, – die da in einer Ecke gleichmütig mit einem Statisten plaudert – Ly ! Ly ! Macdonald ! – Der Jungenanzug saß auf ihr, als sei sie darin aufgewachsen. Wir mochten sie uns nicht in Kleidern vorstellen, und wie tollte sie herum! – Sie antwortete der gütigen Fee so keck, daß diese machtvolle Dame alles aufbieten mußte, um ihre Autorität zu wahren, sie zupfte ältere Herren, wie beispielsweise den Weihnachtsmann, auf das übermütigste am Bart – und sie war die einzige, die unverheiratet aus dem Stück hervorging! –

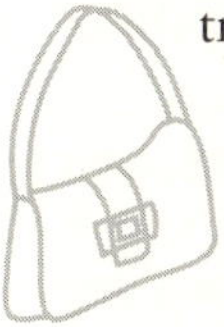

Wie liebten wir sie! – Wie war sie anders als alle die Mädchen, die wir kannten und nicht verstanden, schon um ihrer Kleidung willen nicht verstanden. Was war das für eine Manier, Kleider zu tragen, die auf rätselhafte Weise geöffnet und geschlossen wurden? – Nicht zu sprechen von den geheimnisvollen Mechanismen, die diese Wesen an sich hatten, und deren Unkenntnis von unserer Seite stets ein beschämendes Gelächter bei ihnen weckte! – Diese hier liebten wir, den kleinen Kameraden, – trug sie nicht dieselben Dinge wie wir am Körper –? Aber sie tat es wohl nicht immer, jedenfalls nur hier, nur abends. Wie süß, wie unheimlich das war! – jetzt, in der Pause, stand sie bestimmt in ihrer Garderobe und dachte an ganz andere Dinge, Ereignisse, die wir nicht einmal zu ahnen vermochten, und die mit der Fee Anastasia nicht das geringste zu tun hatten! – Bestimmt war einer da, der zu ihr du sagen durfte und den sie küßte. Aber hier machten unsere Gedanken halt ... Von ihrem Körper wußten wir nicht zuviel und wollten wir nichts wissen – und nur zagend tauchte im Wirbel der bunten Ereignisse wohl einmal der Gedanke auf: wenn diese Kleider sich öffneten! ... Immer wieder mußten wir an den verwirrenden Zwiespalt denken, einer ist ein Junge und ein Mädchen, gehört zu uns und nicht zu uns ! –

Nie, nie würden wir dieses Zauberding voll erfassen können! –

Und wenn dann zum Schluß sich die Bühne mit allen füllte, die in dem Stück vorgekommen waren, – in der Mitte stand der brennende Weihnachtsbaum, und der Weihnachtsmann war da, und der liebe Gott, und die Fee, und der König, und die Königin und alle,

alle, dann sahen wir in dem beunruhigenden Lichtermeer und den schwankenden Farben und dem Leuchten der Glaskugeln nur dieses rosige, leicht gepuderte Gesicht, das auch im Lächeln etwas Trauriges hatte ... Bis der Vorhang fiel ...

Und noch drei volle Tage nach der Vorstellung begaben wir uns häufig, voll von Abneigung gegen die sparende Mutter und gegen den ruhigen, ordentlichen Vater und gegen diese ganze grässliche Regelmäßigkeit des Hauses, ohne innere Veranlassung in einen abgeschlossenen Raum, um daselbst ein wenig zu weinen ...

1 79-82

Und in all dem Brodem, in all den heißen Schlachten mochte vor dem gequälten Mann wie eine Lufterscheinung das friedliche Bild jener andern so seltenen Frau auftauchen, die nicht brauchte, was seiner so bitter nötig tat: eine harte Faust und einen eisernen Willen. Diese andre gab sich so zufrieden, sie strich mit ihren schlanken Fingern dir durch das Haar, verachtete es, sich einen Sklaven zu halten, und liebte den Starken auch ohne die schimmernde Rüstung. Vielleicht war das gar keine Frau mehr? Umso besser: dann war es der beste Lebenskamerad. Und wohl dem, der eine solche Hand halten darf! Er halte sie ganz fest, denn sie ist ein Schatz, den nicht jeder findet.

1 218-219

Mikrokosmos

Daß man nicht alle haben kann –!
Wie gerne möcht ich Ernestinen
als Schemel ihrer Lüste dienen!
Und warum macht mir Magdalene,
wenn ich sie frage, eine Szene?
Von jener Lotte ganz zu schweigen –
ich tät mich ihr als Halbgott zeigen.
Doch bin ich schließlich 1 Stück Mann …
Daß man nicht alle haben kann –!

Gewiß : das Spiel ist etwas alt.
Ich weiß, daß zwischen Spree und Elbe
das Dramolet ja stets dasselbe,
doch denk ich alle, alle Male:
entfern ich diesmal nur die Schale –
was wird sich deinen Blicken zeigen?
Was ist, wenn diese Lippen schweigen?
Nur diesmal greifts mich mit Gewalt …
(Gewiß: das Spiel ist etwas alt.)

Daß man nicht alle haben kann –!
Das läßt sich zeitlich auch nicht machen …
Ich weiß, jetzt wirst du wieder lachen!
Ich komm doch stets nach den Exzessen
zu dir und kann dich nicht vergessen.
So gib mir denn nach langem Wandern
die Summe aller jener andern.
Sei du die Welt für einen Mann …
weil er nicht alle haben kann.

2 340-341

Frühlingsvormittag

Für Mary

Natürlich kommst du erst einmal ein Viertelstündchen zu spät – und dann musst du lachen, wie du mich da so an der Uhr stehen siehst, und dann sagst du: „Die Uhr geht überhaupt falsch!“ Uhren, an denen sich Liebespaare verabreden, gehen immer falsch. Und dann gondeln wir los.

Das ist ein zauberischer Vormittag. Du trägst ein weich gefaltetes, weites Kleid, ganz hell, was dich noch blonder macht, einen kleinen Trotteur, wie ich ihn gern habe, und deine langen, zarten Wildlederhandschuhe; du duftest ganz zart nach irgendetwas, was du als Lavendel ausgibst – und was das Verzaubertste an diesem hellen Tage ist –: wir sprechen nicht ein einziges Mal von Zahlen. Es ist ganz merkwürdig und unberlinisch. Leider: ganz undeutsch.

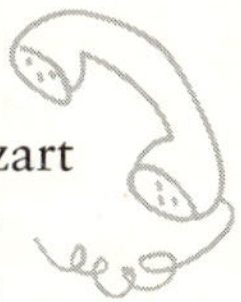

Du sprichst von Kurland. Wie sich auf dem lettischen Bahnhof Männlein und Weiblein und Kindlein einträchtig in der Nase bohrten, der ganze Bahnhof bohrte in der Nase: Gendarmen, Bauern, Schaffner und Lokomotivführer. Ich finde, daß das dem Nachdenken sehr förderlich sei, und das willst du wieder nicht glauben. Doch. Der Ausdruck: „in der Nase grübeln ...“ Weiter. Und dann erzählst du von den langen, langen Spaziergängen, die man in Kurland machen kann – und mir wird das Herz weit, wenn ich an das schönste Land denke, das wir beide kennen: Gottes propprer Protzprospekt für ein unglücklicherweise nicht geliefertes Deutschland.

Und dann gehen wir an kleinen Teichen vorbei, an einem steht seltsamerweise nicht einmal eine Tafel mit: Verboten – und wir wundern uns sehr. Und du patschst mit deinen neuen Lackhalbschuhen (du freundliche Mühlenaktie!) in einen Tümpel, und ich bin an allem schuld – und überhaupt. Aber dann ist das vorbei …

Und in deinen Augen spiegelt sich der helle Frühlingstag, du siehst so fröhlich aus, und ich muß immer wieder darauf gucken, wie du dich bewegst. Und wieder sprechen wir von Rußland und von deiner Heimat. Was ist es, das dich so bezaubernd macht –?

Du bist unbefangen.

Und ich will dir mal was sagen:

Bei uns tun die feinen Leute alles so, wie es in ihren Zeitschriften drin steht – und immer sehen sie sich fotografiert, fein mit Ei und durchaus <richtig>. Ihr überlegt gar nicht so viel. Ihr seid hübsch, und damit gut. Und ihr geht, schreitet, lacht, fahrt und trinkt so, wie es euch eure kleine Seele eingegeben hat – ohne darüber nachzudenken, wie das wohl <aussieht>. Aber ihr fühlt immer, wie es aussieht – und ihr wollt immer, daß es hübsch aussehen soll. Und nichts ist euch unwichtig, und alles erheblich genug, um es mit Freude zu tun. Der Weg ist das Ziel.

Aber da hält ein Auto, darinnen sitzt Herr Kolonialwarenhändler Mehlhake (A.-G, für den Vertrieb von Mehlhakeschen Präparaten – „Wissen Se, schon wejen der Steuer!“), und so sieht auch alles aus: Frau Mehlhake ist so schrecklich richtig angezogen, daß wir aus dem Lachen und sie aus der feinsten Lederjacke nicht herauskommt, die kleinen Mehlhakes haben alle Automobilbrillen und schmutzige Fingernägel – und das Auto kostet heute mindestens seine ...

Aber wir wollten ja nicht von Zahlen sprechen an diesem Frühlingsvormittag.

Das Auto staubt davon. Wir gehen weiter, wir Wilden, wir bessern Menschen.

Denn mit dem Stil ist das wie mit so vielen Dingen: man hat ihn, oder man hat ihn nicht.

3 313-315

Die Prinzessin behauptete, ich sagte zu jeder von mir geliebten Frau, aber auch zu jeder –: „Wie schön, daß du da bist!" Das war eine pfundsdicke Lüge – manchmal sagte oder dachte ich doch auch: „Wie schön, daß du da bist ... und nicht hier!" – aber wenn ich die Lydia so neben mir sitzen sah, da sagte ich es nun wirklich. Warum –?

Natürlich deswegen. In erster Linie ...? Ich weiß das nicht. Wir wußten nur dieses: Eines der tiefsten Worte der deutschen Sprache sagt von zwei Leuten, daß sie sich nicht riechen können. Wir konnten es, und das ist, wenn es anhält, schon sehr viel. Sie war mir alles in einem: Geliebte, komische Oper, Mutter und Freund. Was ich ihr war, habe ich nie ergründen können.

Und dann die Altstimme. Ich habe sie einmal nachts geweckt, und, als sie aufschrak: „Sag etwas!" bat ich. „Du Dummer!" sagte sie. Und schlief lächelnd wieder ein. Aber ich hatte die Stimme gehört, ich hatte ihre tiefe Stimme gehört.

9 12

Wie sind denn nun die Französinnen? Komm, erzähl es mal auf Lydia – wir gehn hier rauf und runter, immer das Schiff entlang, und wenn dir schlecht wird, dann beugst du dich über die Reling, das ist in den Büchern immer so. Erzähl."

Und ich erzählte ihr, daß die Französinnen sehr vernünftige Wesen seien, mit einer leichten Neigung zu Kapricen, die seien aber vorher einkalkuliert, und sie hätten pro Stück meist nur einen Mann, den Mann, ihren Mann, der auch ein Freund sein kann, natürlich – und dazu vielleicht auch anstandshalber einen Geliebten, und wenn sie untreu seien, dann seien sie es mit leichtsinnigem Bedacht. Beinah jede zweite Frau aber hätte einen Beruf. Und sie regierten das Land ohne Stimmrecht – aber eben nicht mit den Beinen, sondern durch ihre Vernunft. Und sie seien liebenswürdige Mathematik und hätten ein vernünftiges Herz, das manchmal mit ihnen durchginge, doch pfiffen sie es immer wieder zurück. Ich verstände sie nicht ganz.

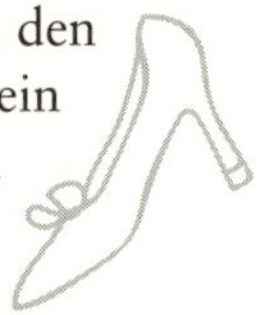

„Es scheinen Frauen zu sein", sagte Lydia.

9 15

Die Prinzessin geruhte zu speisen. Ich sah ehrfürchtig zu; sie war eßfest. „Du nimmst gar nichts?" fragte sie zwischen zwei Heringen. Ich sah die beiden Heringe an, die beiden Heringe sahen mich an, wir schwiegen alle drei. Erst als die Fähre landete, lebte ich wieder auf. Und die Prinzessin strich mir leise übers Knie und sagte ehrfürchtig: „Du bischa meinen kleinen Klaus Störtebeker!" und ich schämte mich sehr.

9 15-16

Lydia pickte auf ihrem Teller herum, mir sah sie bewundernd zu. „Du frißt …“ sagte sie freundlich. „Ich habe schon Leute gesehen, die viel gegessen haben – und auch Leute, die schnell gegessen haben … aber so viel und so schnell …“ – „Der reine Neid –“ murmelte ich und fiel in die Radieschen ein. Es war kein feines Abendessen, aber es war ein nahrhaftes Abendessen. Und als sie sich zum Schlafen wendete und grade die Rathausuhr geklingelt hatte, da sprach sie leise, wie zu sich selbst:

„Jetzt auf See. Und dann so ein richtig schaukelndes Schiff. Und dann eine Tasse warmes Maschinenöl …“ Und da mußte ich aufstehn und viel Selterwasser trinken.

9 16

Wir lagen auf der Wiese und baumelten mit der Seele. Der Himmel war weiß gefleckt; wenn man von der Sonne recht schön angebraten war, kam eine Wolke, ein leichter Wind lief daher, und es wurde ein wenig kühl. Ein Hund trottete über das Gras, dahinten. „Was ist das für einer?“ fragte ich. „Das ist ein Bulldackel“, sagte die Prinzessin. Und dann ließen wir wieder den Wind über uns hingehen und sagten gar nichts. Das ist schön, mit jemand schweigen zu können.

9 25

Oben standen wir dann am Schiffsgeländer, atmeten die reine Luft und blickten auf die beiden Küsten – die dänische, die zurückblieb, und die schwedische, der wir uns näherten. Ich sah die Prinzessin von der

Seite an. Manchmal war sie wie eine fremde Frau, und in diese fremde Frau verliebte ich mich immer aufs neue und mußte sie immer aufs neue erobern. Wie weit ist es von einem Mann zu einer Frau! Aber das ist schön, in eine Frau wie in ein Meer zu tauchen. Nicht denken ... Viele von ihnen haben Brillen auf, sie haben es im eigentlichen Sinne des Wortes verlernt, Frau zu sein – und haben nur noch den dünnen Charme. Hol ihn der Teufel. Ja, wir wollen wohl ein bißchen viel: kluge Gespräche und Logik und gutes Aussehen und ein bißchen Treue und dann dieser nie zu unterdrückende Wunsch, von der Frau wie ein Beefsteak gefressen zu werden, daß die Kinnbacken krachen ...

9 19

In dieser Nacht drehte sich die Prinzessin um und schlief wie ein Stein. Sie atmete kaum; ich hörte sie nicht. Ich las.

Es ist vorgekommen, daß ich nachts, in wilder Traumfurcht, aufgefahren bin und mich an die Prinzessin angeklammert habe ... wie lächerlich! „Willst du mich retten?" fragte sie dann lachend. Das ist zwei-, dreimal geschehen – oft wußte ich es gar nicht. „Heute nacht hast du mich wieder gerettet ..." sagte sie dann am nächsten Morgen. Aber nun waren Ferien; heute nacht würde ich sie bestimmt nicht retten. Ich legte meine Hand hinüber, auf die Schlafende. Sie seufzte leise und veränderte ihre Lage. Schön ist Beisammensein. Die Haut friert nicht. Alles ist leise und gut. Das Herz schlägt ruhig. Gute Nacht, Prinzessin.

9 27

Ich sah sie an, und sie gab den Blick zurück: wir fassten uns mit den Augen bei den Händen.
9 54

Es gibt keinen Erfolg ohne Frauen.
9 328

Klassefrauen

Massary

(...)

Die Massary ist die einzige Darstellerin der grande cocotte, die unser Theater zur Zeit besitzt. Das ist eine Schmeichelei in Deutschland, wo die Schauspielerinnen jedesmal eine Art Krampf bekommen, wenn sie bürgerliche Unzuverlässigkeit zu markieren haben, und wo die frivolités meist im Ausschnitt der Kleider, manchmal im Kopf, aber nie im Blut sitzen. Das gackert, stelzt und hopst über die Bühne – keine, die nicht merken ließe: Ich verstelle mich nur, ich bin eine anständige Frau! – alle, die merken lassen: Ich verstelle mich gar nicht, ich bin übrigens auch im Privatleben so! Sie geben weder den Typ in der Vollendung, noch einen ulkigen Einzelfall – sie kriechen mit schwerem Huch! unter die rosa Bettdecke, halten sich unten die Röcke zu, sehen durch die gespreizten Finger und gleichen im ganzen der Kuhmagd Alwine, die sich vor dem Viehtreiber im dunkeln Wald fürchtet, obgleich er mit seinem Bullen beschäftigt ist, und die spricht: „Du kannst em ja anbinnen!"

Die Massary macht das so anders.

Sie tritt ein, ihr Anbeter sitzt auf einem Stuhl, den geängstigten Zylinder auf dem Boden, die Hände Gott weiß wo ... „Gnädige Frau, Sie glauben nicht, wie ich mich freue!" – „Ah! Sie freuen sich." (Das spricht sie ganz durch die Nase, mit Kopfstimme.) „Sie sollten sich nicht freuen, mein Freund! Man soll sich nie freuen. Ich hatte zwei Freunde, jeder freute sich, wenn ich zu ihm kam. Nun, ich machte, daß sie sich beide freuten. Doch merkwürdigerweise freute sich dann keiner mehr. Die Männer wissen nicht, was sie wollen. Sie wissen nur, was wir wollen. Aber das wissen wir wieder nicht genau. Freuen Sie sich nicht, mein Freund, solange an Ihrem linken Stiefel ein Knopf abgeplatzt ist. Es ist ziemlich ungalant, grade den linken Stiefel offen zu lassen, wenn man eine Dame besucht, die einen erfreuen soll." (...)

Sie hat die leichte Hand. Sie darf dies und alles: sie darf kippen, noch einen Zentimeter, noch einen; aber wir ängstigen uns nicht. Eine unfehlbare Sicherheit des Geschmacks, eine lächelnde, gleitende Überlegenheit machen uns vibrieren; aber wir fürchten uns nicht. Sie hat alles schon einmal gesehen, gehört, geschmeckt, erfahren. Was auf dieser Linie nur noch die Holl kann: psychisch als Frau interessieren, ohne unterleiblich zu wirken – hier ist es in der höchsten Vollendung. „Ich will ja gar nichts von Ihnen, gnädige Frau!" – „Umso besser, mein Herr! Man muß auch nicht immer etwas wollen. Also nehmen Sie, bitte, Platz!" Aber bevor er an sein <eigentlich> gekommen ist, lächelt sie schon. Sie weiß, daß er weiß, daß sie weiß. Sie wissen beide – nur sie immer ein Lot mehr als er, und auch dies Mehrwissen weiß sie, also zwei. Und mit diesen zwei Lot operiert sie. Sie peitscht ihn auf, schon rutscht er den schrägen Abhang hinunter – da bremst sie, kühl, gelassen, uninteressiert. Sagte er: „Das ist aber ein hübscher Bilderrahmen, gnädige Frau!" – sie lachte. Wenn es ihr beliebte, könnte sie ihm jetzt antworten: „Alter Kamerad, ich weiß ganz genau, was dich bedrückt. Geh ein Haus weiter ...

Ich … Kurz: es sagt mir nicht zu!“ Und uns plagt die infame Neugier, sie einmal schrankenlos zu sehen. Aber sie wird sich hüten: sie weiß sehr gut, daß die Grenzen das Schönste an der Heimat sind.

Das ist die Massary, die wir lieben. (…)

126-128

Sie.

Sie ist gut und gern ihre hmzig Jahre alt, aber nur, wenn sie so den Kopf dreht – so, wie jetzt –, dann fällt das glänzende Wellenlicht zu scharf auf den Puder. Aber wenn sie anders herum sitzt, das ist schon etwas

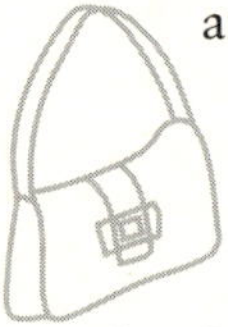

anderes! Das ist eine Frau in den besten, aber schon in den allerbesten Jahren – neben ihr steht, in Leder gehüllt, das Bündel Golfschläger. Sie weiß, was sie will. Sie hat: abends ein gutes Hotel, in das sie mit kühlem Gruß eintritt, Schlafzimmer, Badezimmer, morgens den Tee – dann Golf – dann Frühstück – dann den riesigen Wagen, der langsam vor die Hoteltür gebrummt kommt – abends das Essen, etwas Tanz … Seltsam, wie ihr Gesichtsausdruck vom Licht umgeformt wird, wie das hin und her spielt … Freundin ist sie jetzt, Freundin des Mannes; dann: Dame, glatt, undurchdringlich; einmal ein kleiner Blitz aus den Augenwinkeln – ah? Und in allem eine so ruhige Selbstverständlichkeit, die sich über nichts wundert, weil alles vorhergesehen ist. Sie hat das Leben so fest in der Hand wie das Lenkrad ihres Wagens. (…)

4 512

Mutterns Hände

Hast uns Stulln jeschnitten
un Kaffe jekocht
    un de Töppe rübajeschohm –
un jewischt und jenäht
un jemacht und jedreht …
    alles mit deine Hände.

Hast de Milch zujedeckt,
uns Bobongs zujesteckt
    un Zeitungen ausjetragen –
hast die Hemden jezählt
und Kartoffeln jeschält …
    alles mit deine Hände.

Hast uns manches Mal
bei jroßen Schkandal
    auch 'n Katzenkopp jejeben.
Hast uns hochjebracht.
Wir wahn Sticker acht,
sechse sind noch am Leben …
    Alles mit deine Hände.

Heiß warn se un kalt.
Nu sind se alt.
    Nu bist du bald am Ende.
Da stehn wa nu hier,
und denn komm wir bei dir
    und streicheln deine Hände.

7 138

Die Schreibmaschinendame

Das junge Mädchen, das an der Schreibmaschine tippt, ist manchmal hübsch. Sie kommt morgens, zwei Minuten nach neun, ein bißchen atemlos, ins Geschäft, weil sie die Straßenbahn versäumt hat. Sie lacht den Portier an und geht rasch an ihre Mitrailleuse. Das Schreibmaschinenmädchen klappt die Maschine auf, ordnet ihre Papiere und raschelt damit. Dann beginnt sie, ihren anwesenden Freundinnen eine lange Geschichte von gestern zu erzählen; sie ist bei ihrer Tante gewesen und hat so schrecklich viel Baumkuchen gegessen, daß ihr heute noch ganz … „Emmi, du hast ja eine neue Bluse an!" – Start der neuen Bluse. Begeisterungsschreie. Innerliches Gefühl: „Steht ihr gar nicht!" – Hierauf begibt sich die Schreibmaschinendame mit ihrer besten Freundin auf den Ort, wohin keine Sonn' mehr scheint, und teilt ihr etwas unter dem Siegel der Verschwiegenheit mit. Es betrifft Franz, der wieder geschrieben hat. Wenn er nicht geschrieben hätte, wäre alles aus gewesen. So ist aber nicht alles aus. Beinahe wäre es aber. Sie kehren mit angeregten Augen auf den Kriegsschauplatz zurück. „Wo waren Sie denn so lange?" Darauf lautet die Antwort: „Gott – –!" was mit drei <t> auszusprechen ist.

Das Schreibmaschinenmädchen nimmt Stenogramme auf und hat ihre erkorenen Lieblinge und Feinde unter den diktierenden Männern. Einer ist schick, einer unangenehm, weil er so schnell diktiert, einen kann sie überhaupt, ohne nähere Begründung, nicht leiden, und von dem, für den sie immer schreibt, möchte sie gern versetzt werden. Sie stenografiert flott, fragt nie und klappert nachher, daß die Funken stieben. Fremdwörter sind ihr ein Greuel; dem Prokuristen, wenn er sie nachher liest, auch. Der Schreibmaschinendame muß man Schokolade mitbringen, am besten von Zeit zu Zeit, weil sie sonst schlecht funktioniert. Mit Schokolade funktioniert sie allerdings nicht besser. Das Schreibmaschinenmädchen hat einen Bräutigam, der gegen Mittag anzutelefonieren pflegt. Die Stimme des Mädchens am Telefon wird dann leise, umgibt sich gewissermaßen mit einem Schutzwall gegen die Zuhörer und hat doch einen zärtlichen Klang des tiefsten Einverständnisses. Nach vier Tagen kauft sich das Schreibmaschinenmädchen dieselbe Bluse wie ihre Freundin. Sie steht ihr. Das Schreibmaschinenmädchen heiratet früher oder später oder wird

Sekretärin

Die Sekretärin ist eine ausgekochte Dame, der keiner etwas erzählen kann. Das Haus munkelt, sie habe mit dem Chef ein Verhältnis. Das stimmt aber nicht: dazu ist sie viel zu schlau. Die Sekretärin ist zuckersüß zur Gattin des Chefs, was diese mit besonderem Mißtrauen erfüllt. Die Sekretärin ist Herrin über die Zeit des Chefs. Sie sitzt im Vorzimmer und sagt: „Herr Hannemann hat jetzt keine Zeit!", auch, wenn er gar nicht da ist. Die Sekretärin setzt alles durch, was sie haben will, weil sie im Schatten des Gewaltigen arbeitet. Die Sekretärin ist gerissen, sehr fleißig und lügt weitaus besser als die meisten Leute im Hause. Die Sekretärin weiß genau, was der Chef mag oder nicht mag – sie richtet sich auch in den meisten Fällen danach. Sie hat öfter eine Hornbrille, immer aber eine souveräne Verachtung für den breiten Heerbann der Angestellten. Die Sekretärin wünscht nicht, dass jemand in das Sekretariat kommt. Ihre erste Regierungshandlung ist gewöhnlich, dortselbst ein Schild anzubringen: „Unbefugten ist der Eintritt streng verboten." Die Sekretärin hat neben der Schreibmaschine eine reizende kleine Kaffeetasse, einen Nagelpolierer und ein unpassendes Buch. Sie kommt sich total unentbehrlich vor.

3 492-494

Das Lottchen

Es reut das Lottchen

„Gar nichts. Ich habe gar nichts. Ich? Nichts. Nein …

Frag nicht so dumm – man kann ja auch mal nicht guter Laune sein, kann man doch, wie? Ich habe gar nichts.

Nichts. Ach, laß mich. Na, ich denke eben nach. Meinst du, bloß ihr Männer denkt nach? Ich denke nach. Nein, kein Geld – meine Rechnungen sind alle bezahlt. Alle! Ich habe keinen Pfennig Schulden. Was? Keinen Pfennig. Bloß die Apotheke und das Aquarium, das ich mir neulich gekauft habe, und die Schneiderin und bei Kätchen. Sonst nichts. Na ja, und die fünfzig Mark bei Vopelius. Nein, wegen dem Geld ist es auch nicht. Wegen des Geldes! Was du bloß immer mit der Grammatik hast – die Hauptsache ist doch, daß ich Geld habe. Ich habe aber keins.

Ach, der Kerl, der … Na, nichts. Na, dieser Kerl. Der Seemann, von dem ich dir neulich erzählt habe. Er war doch ein bißchen tätowiert wie ein Seemann und sah aus wie ein holsteinischer Bauernjunge. Nein, ich war nie in Holstein – ich denk mir das so. Was mit dem ist? Ach, laß mich.

Natürlich, doch, ja! Seemann ist er. Nein, er war nicht mehr hier. Ich dachte immer, er würde mal kommen. Wieso? Wieso! Weil er mich angepumpt hat! Wieso ist das die Höhe? Das ist gar keine Höhe! Ich pump dich doch auch manchmal an. Aber ich sag wenigstens nicht, daß ichs dir wiedergebe! Nein, nicht viel. Ist ja egal. Ach ... ich weine gar nicht. Viel nicht. Einmal fünfzig Mark und einmal achtundsechzig. Na und –?

Na und? Ich hab doch gedacht, er wär zwei Jahre auf See gefahren. Das hat er mir erzählt. Bitte, meine Freunde lügen nicht ... wenn die was erzählen, dann ist es wahr, meistens ist es sogar wahr. Die lügen eben nicht alle wie du neulich mit Micky. Hast du die Person wiedergesehn?

Er war gar nicht auf See. Auf dem Land natürlich. Ach, laß mich.

Na, er hat eben gesessen.

Anderthalb Jahre. Ich weiß nicht warum. Wo? Das ist doch egal. In Plötzensee.

Ich weiß nicht, weswegen – laß mich in Ruhe. Es hat mir einer erzählt. Da war ein Mann, der holt sich

hier immer alte Kindersachen ab, die geb ich ihm, und der hat für einen Freund gebeten, den haben sie grade entlassen, und da sind wir ins Gespräch gekommen, und da hat er auf einmal den Namen von dem gesagt, von dem Seemann. Und da ist es rausgekommen. Die kannten sich alle zusammen. Anderthalb Jahre. Mir hat er gesagt, er war in Bali. Und dabei war er in Plötzensee.

Ich weiß nicht, warum – laß mich in Frieden! Darauf kommt es auch gar nicht an! Mein Geld ...? Ich war gleich auf der Kriminalpolizei. Du, da war aber so ein netter Mann, der mich da empfangen hat, den habe ich gefragt. Ich habs ihm alles erzählt. Sah sehr gut aus, der Mann – ein Kriminalrat oder so. Wie ich rausgehn will, sagt er zu mir: Frau Laßmann, sagt er, Sie haben zu schöne Augen! Das Weiße da drin: ganz blau! Hat er gesagt! Und dann war ich nochmal da, und da hat er mir Gedichte vorgelesen, der Mann macht nämlich Gedichte. Na, meinste, du machst bloß alleine Gedichte?

Sollen sie sich vielleicht vorne reimen – natürlich haben sie sich hinten gereimt! Sehr schöne Gedichte. – Und er hat gesagt: Das ist ja glatter Betrug! Glatter Betrug ist das! Vorspielung falscher Tatsachen, sagt er. Und er wird da hinterhaken. Und dann hat er mir noch ein Gedicht vorgelesen. Ob ich so zu meinem Geld komme? Daddy, ich werd dir mal was sagen:

Mein Geld will ich gar nicht wiederhaben! Der Kerl ist bei mir gestrichen. Ich, mit einem Seemann? Nie wieder. Ist das eigentlich ein höherer Beamter, ein Kriminalrat?

Und hier ist noch eine Rechnung, die kannst du auch bezahlen. Warum sagst du Ahoi? Und ich wird dir mal sagen, woher das alles kommt:

Ich habe viel zu wenig Geld, und viel zu viel Herz. Und bei dir ist es eben umgekehrt. Ahoi –!"

7 292-294

Lottchen beichtet 1 Geliebten

„Es ist ein fremder Hauch auf mir? Was soll das heißen – es ist ein fremder Hauch auf mir? Auf mir ist kein fremder Hauch. Gib mal 'n Kuß auf Lottchen. In den ganzen vier Wochen, wo du in der Schweiz gewesen bist, hat mir keiner einen Kuß gegeben. Hier war nichts. Nein – hier war wirklich nichts! Was hast du gleich gemerkt? Du hast gar nichts gleich gemerkt …

ach, Daddy! Ich bin dir so treu wie du mir. Nein, das heißt ... also, ich bin dir wirklich treu! Du verliebst dich ja schon in jeden Refrain, wenn ein Frauenname drin vorkommt ... ich bin dir treu ... Gott sei Dank! Hier war nichts.

... Nur ein paarmal im Theater. Nein, billige Plätze – na, das eine Mal in der Loge ... Woher weißt du denn das? Was? Wie? Wer hat dir das erzählt? Na ja, das waren Plätze ... durch Beziehungen ... Natürlich war ich da mit einem Mann. Na, soll ich vielleicht mit einer Krankenschwester ins Theater ... lieber Daddy, das war ganz harmlos, vollkommen harmlos, mach doch hier nicht in Kamorra oder Mafia oder was sie da in Korsika machen. In Sizilien – meinetwegen, in Sizilien! Jedenfalls war das harmlos. Was haben sie dir denn erzählt? Was? Hier war nichts.

Das war ... das ist ... du kennst den Mann nicht. Na, das werd ich doch nicht machen – wenn ich schon mit einem andern Mann ins Theater gehe, dann geh ich doch nicht mit einem Mann, den du kennst. Bitte: ich hab dich noch nie kompromittiert. Männer sind doch so dußlig, die nehmen einem das übel, wenn man schon was macht, daß es dann ein Berufskollege ist. Und wenn es kein Berufskollege ist, dann heißt es gleich: Fräulein Julie! Man hats wirklich nicht leicht! Also du kennst den Mann nicht! Du kennst ihn nicht. Ja – er kennt dich. Na, sei doch froh, daß dich so viele Leute kennen – biste doch berühmt. Das war jedenfalls ganz harmlos. Total. Nachher waren wir noch essen. Aber sonst war nichts.

Nichts. Nichts war. Der Mann ... der Mann ist eben – ich hab ihn auch im Auto mitgenommen, weil er so nett neben einem im Auto sitzt, eine glänzende

Begleitdogge – so, hat das die Reventlow auch gesagt? Na, ich nenne das auch so. Aber *nur* als Begleitdogge. Der Mann sah glänzend aus. Doch, das ist wahr. Einen wunderbaren Mund, so einen harten Mund – gib mal 'n Kuß auf Lottchen, er war dumm. Es war nichts.

Direkt dumm war er eigentlich nicht. Das ist ja ... ich habe mich gar nicht in ihn verliebt; du weißt ganz genau, daß ich mich bloß verliebe, wenn du dabei bist – damit du auch eine Freude hast! Ein netter Mann ... aber ich will ja die Kerls gar nicht mehr. Ich nicht. Ich will das überhaupt alles nicht mehr. Daddy, so nett hat er ja gar nicht ausgesehn. Außerdem küßte er gut. Na so – es war jedenfalls weiter nichts.

Sag mal, was glaubst du eigentlich von mir? Glaubst du vielleicht von mir, was ich von dir glaube? Du – das verbitt ich mir! Ich bin treu. Daddy, der Mann ... das war doch nur so eine Art Laune. Na ja, erst läßt du einen hier allein, und dann schreibst du nicht richtig, und telefoniert hast du auch bloß einmal – und wenn eine Frau allein ist, dann ist sie viel alleiner als ihr Männer. Ich brauche gewiß keinen Mann ... ich nicht. Den hab ich auch nicht gebraucht; das soll er sich bloß nicht einbilden! Ich dachte nur: I, dachte ich – wie ich ihn gesehn habe ... Ich habe schon das erstemal gewußt, wie ich ihn gesehn habe – aber es war ja nichts.

Nach dem Theater. Dann noch zwei Wochen lang. Nein. Ja. Nur Rosen und zweimal Konfekt und den kleinen Löwen aus Speckstein. Nein. Ich ihm meinen Hausschlüssel? Bist wohl ...! Ich hab ihm meinen Hausschlüssel doch nicht gegeben. Ich werde doch einem fremden Mann meinen Hausschlüssel nicht geben …! Da bring ich ihn lieber runter. Daddy, ich habe ja für den Mann gar nichts empfunden – und er für mich auch nicht – das weißt du doch. Weil er eben solch einen harten Mund hatte … und ganz schmale Lippen. Weil er früher Seemann war. Was? Auf dem Wannsee? Der Mann ist zur See gefahren – auf einem riesigen Schiff, ich habe den Namen vergessen, und er kann alle Kommandos, und er hat einen harten Mund. Ganz schmale Lippen. Mensch, der erzählt ja nicht. Küßt aber gut. Daddy, wenn ich mich nicht so runter gefühlt hätte, dann wäre das auch gar nicht passiert … Es ist ja auch eigentlich nichts passiert – das zählt doch nicht. Was? In der Stadt. Nein, nicht bei ihm; wir haben zusammen in der Stadt gegessen. Er hat bezahlt – na, hast du das gesehn! Soll ich vielleicht meine Bekanntschaften finanzieren … na, das ist doch …! Es war überhaupt nichts.

Tätowiert! Der Mann ist doch nicht tätowiert! Der Mann hat eine ganz reine Haut, er hat … Keine Details? Keine Details! Entweder ich soll erzählen, oder ich soll nicht erzählen. Von mir wirst du über den Mann kein Wort mehr hören. Daddy, hör doch – wenn er nicht Seemannsmaat gewesen wäre, oder wie das heißt … Und ich wer dir überhaupt was sagen:

Erstens war überhaupt nichts, und zweitens kennst du den Mann nicht, und drittens weil er Seemann war, und ich hab ihm gar nichts geschenkt, und überhaupt, wie Paul Graetz immer sagt:

Kaum hat man mal, dann ist man gleich – Daddy! Daddy! Laß mal … was ist das hier? Was? Wie? Was ist das für ein Bild? Was ist das für eine Person? Wie? Was? Wo hast du die kennengelernt? Wie? In Luzern?

Was? Hast du mit der Frau Ausflüge gemacht? In der Schweiz machen sie immer Ausflüge. Erzähl mir doch nichts ... Was? Da war nichts?

Das ist ganz was andres. Na ja, mir gefällt schon manchmal ein Mann. Aber ihr –?

Ihr werft euch eben weg!

9 116-118

Lottchen wird saniert

„Also sind das jetzt alle Schulden, die du hast?"

„Das sind alle."

„Lottchen, daß du mir aber nicht hinterher mit neuen kommst – du weißt: im vorigen Jahr, in Lugano, habe ich auch alles bezahlt, und wie ich fertig war ..."

„Daddy, ich schwöre dir – diesmal habe ich wirklich alles gebeichtet! Meine Kassen sind überhaupt tadellos in Ordnung – also wirklich!"

„Gut. Also gib noch mal die Aufstellung her; ich will das mit deinen Kassenbüchern vergleichen ..., allmächtiger Gott, das sind deine Kassenbücher?"

„Na, was denn?"

„Diese traurigen Fetzen?"

„Selber trauriger Fetzen! Geh mal weg! Gib mal her – bring mir das nicht durcheinander – ich hab mir das so schön geordnet ...! Soll ich vielleicht doppelte Buchführung machen mit Hauptbuch in Kaliko und sonem Quatsch ... gib mal her!"

„Was ist denn das?"

„Das ist der Zettel von den Schulden; aber die hier gelten nicht, die sind schon bezahlt, nein, die sind noch nicht bezahlt, aber die haben Zeit. Die können warten! Kätchen kann warten."

„Hat dir dein Freund Käte wieder Geld gegeben? Ich habe dir doch gesagt, du sollst die Frau nicht anpumpen. Ihr Mann ist Arzt und verdient ... ja, ich weiß schon. Aber ich will das nicht. Wieviel?"

„Vierzig Mark."

„Da steht doch aber 65 Mark?"

„Ja ... das heißt ... das sind noch fünfundzwanzig Mark, die habe ich ... die hat sie mir ..."

„Also fünfundsechzig. Und was ist das? Hundertundzehn Mark?"

„Das ist für die Kinder. Schuhe und Strümpfe."

„Also, weiß Gott: es sind ja nicht *meine* Kinder. Hundertundzehn. Teure Kinder hast du. Fünfundsechzig und hundertundzehn ... so geht das überhaupt nicht. Gib mal her – jetzt werde ich mal eine neue Aufstellung machen! Also:

Kätchen	65
Kinder	110
Hankemann	92

Ja, die hast du gebeichtet – ich weiß schon.

Louis Brest ... ach so, die Bank, wieviel? Zweihundertundneun Mark? Sage mal, Lottchen, dir piekt es wohl?"

„Wieso? Das ist ein altes Debet-Konto, das habe ich ... Das verstehst du nicht – Herrgott, hör doch mal zu! Ich habe mir aus meiner Kleiderkasse im Mai, nein, im vorigen Oktober, fünfundvierzig Mark geborgt, bitte, ich geb sie mir zurück, ich kenn mich doch, mir kann man borgen; und die habe ich in die Kinderkasse getan, und weil in der Reisekasse noch neunundachtzig Mark wegen der Gasrechnung gefehlt haben, da habe ich eben die Miete vom nächsten Vierteljahr genommen – und auf diese Weise habe ich auf der Bank ein Debet-Konto! Das ist doch lohrisch!“

„Ja, das ist sehr logisch. Aber davon hast du nichts gesagt. Ich will dich ja gern sanieren, das tue ich ja alle Jahre, dieses Großreinemachen – zweihundertundneun Mark Debet … sage mal Lottchen, wer glaubst du eigentlich, wer ich bin?“

„Du bist ein alter Gnietschfritze! Hab dich doch nicht so wegen der zweihundert Mark! Überhaupt sind sie nicht eilig! Die haben Zeit!“

„Und kosten Zinsen! Also weiter:

Louis Brest *209*
Werßhofen *54*

Was ist das?“

„Das ist das, wo ich dir neulich gesagt habe!“

„Davon hast du nichts gesagt!“

„Davon habe ich nichts gesagt? Das ist ja großartig! Ich habe nur nicht vierundfünfzig gesagt, damit du nicht sonen Schreck kriegst … ich habe nur einen Teil zugegeben.“

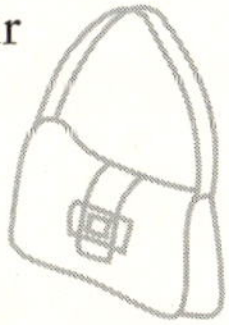

„Wieviel?“

„Drei Mark fünfzig. Das hat man davon, wenn man Rücksicht nimmt! Die gehören überhaupt in die Wirtschaftskasse. Die Schulden, das sind gar nicht meine Schulden ... das schuldet die Wirtschaftskasse!“

„Wem?“

„Der Kleiderkasse. Nu weiter!“

„Also wovon ich das alles bezahlen soll … ich weiß es nicht. Ich weiß es wirklich nicht.

Werßhofen *54*
Postscheck *28*

– was heißt Postscheck achtundzwanzig …?“

„Gib mal her. Ich weiß nicht … Ach so! Das habe ich an Papa mit Postscheck zahlen wollen."

„Hast dus denn gezahlt?"

„Nein. Papa war damals grade auf Reisen."

„Wo ist das Geld?"

„Wo ist das Geld! Wo ist das Geld! Komische Fragen stellst du! Das Geld ist natürlich weg!"

„Wo es ist, will ich wissen!"

„Mein Gott, ich hab es an Neschke geschickt, wegen der Schuld".

„Wegen welcher Schuld?"

„Na ja … also ich schulde ihm noch achtundvierzig Mark, vom vorigen Jahr! Herrgott, ich kann nicht immer mit demselben Hut rumlaufen, man kommt sich ja schon rein dämlich vor! Alle Frauen haben einen neuen Hut, bloß ich nicht! Mach nicht son Gesicht – Neschke kann warten; den brauchst du nicht bezahlen!"

„Zu bezahlen!"

„Verbesser einen doch nicht immer! Das ist ja schlimmer wie ein Lehrer!"

„Als."

„Wie?"

„Als. Schlimmer als ein Lehrer. Nach dem Komparativ ..."

„Ist hier Grammatik, oder machen wir hier Kasse? Also weiter. Neschke wartet – er ist darin viel kulanter wie die Münchner."

„Welche Münchner?"

„Ach … ich habe da auf der Reise … Daddy, du brauchst nicht gleich zu schreien, zu nach brauchen, ich war doch auf der Durchreise in München, und da habe ich so ein entzückendes Automäntelchen gesehn ..."

„Mäntelchen ist schon faul. Wieviel?"

„..."

„Also wieviel?"

„Hundertundzwanzig. Aber ich trage es noch drei Jahre!"

„Diese Frau ist der Deckel zu meiner Urne. Ich vermag es fürder nicht. Fürder ist ein seltenes Wort, aber du bist auch selten. Sind das nun alle Schulden?"

„Das sind alle. Dann bloß noch die Apotheke und fünfzig Mark beim Doktor. Aber der kann wirklich warten. Du brauchst ihn nicht zu bezahlen! Ich will es nicht! Ich will es wirklich nicht! Den bezahl ich allein! Er kann warten! Wirklich!"

„O Popoi. Nein, das ist nicht unanständig; das ist *griechisch*. Nun schreib mir das alles auf, und ich werde es in meine Brieftasche legen und es mir beschlafen. Großer Gott, du siehst es. Blick herunter! Schreib es so, daß man lesen kann! So, danke. Ich geh jetzt mal runter, Zigaretten kaufen – gib her! Lottchen, du bist eine teure Dame. Aber nun ist auch wirklich alles aufgeschrieben? Ja? Das ist alles? Das ist nun wirklich alles?"

„Das ist alles. Heiliges Ehrenwort. Das ist wirklich alles. Ich bin gar keine teure Dame – ich bin viel zu billig. Bei meinen Qualitäten! Auf Wiedersehn!"

„Auf Wiedersehn!"

(Das Lottchen): „Jetzt hab ich richtig vergessen, ihm die zweiundzwanzig Mark Bridgegeld anzusagen! Allmächtiger Braten! Ach was ... ich buch sie in die Sportkasse –!"

9 154-156

Mary

12. 11. 17

Man ist begierig, die Stimme noch einmal länger und ausführlicher zu hören und bittet um Benachrichtigung, ob man Sie heute abend um 7 Uhr zu ein klein wenig Sekt erwarten darf. – Ein kurzer Besuch im Geschäftszimmer der Leihbibliothek – am besten um 12 Uhr – ist willkommen.

Mit einem schönen Gruß in ein Paar lustiger Augen –.

B 21

13. 11. 17 abends

Mein sehr verehrtes gnädiges Fräulein,

Sie haben mich gefragt, was man denn um Gottes willen von Haus zu Haus schreiben könnte, und noch dazu ein – wildfremder Mensch dem andern. Doch einiges.

Ich schreibe diese Zeilen ganz frisch unter dem Eindruck des kleinen Nebelspazierganges, der so hübsch zu den Gesprächen paßte: die Konturen aller Dinge waren ein bißchen verwischt, man konnte nicht genau erkennen, was eigentlich einem entgegenkam, man ahnte es nur ... Der Nebel verwischte alles. Ich liebe dieses Wetter. Es ist so schön unbestimmt.

Und nur ein Tolpatsch tappt bei Nebel – wir andern wissen auch dann uns zu bewegen, und es ist viel amüsanter, zum Ziel zu kommen, wenn das Gestein ein wenig schlüpfrig ist und die Luft undurchsichtig, behängt mit kleinen Regentropfen und dick wie Watte. Wer die Richtung im Blut hat, braucht keine Augen.

Ich denke, ich habe sie. Und ich bin sehr einverstanden, dieses Spiel mit Ihnen zu spielen – es erinnert an große Stadt, Friedensmenschen, Frauen, wie sie sein sollen ... alte Erinnerungen tauchen auf. Es ist eines der feinsten Spiele, und es wird mit den Fingerspitzen gespielt.

Nun – der Spaziergang. Ich habe, soweit das in der Dunkelheit möglich war, erkannt: Temperament, kein Blut in den Adern, sondern Gott sei Dank und endlich einmal Champagner, kribbelnde Nerven, Gefühl für Rhythmus – Sie tanzen gut – und im ganzen jemand, der nicht den üblichen Liebhaber verdient, der nach der ersten Nacht recht gnädig: „Na, mein Kleinchen –!" sagt. (Sie würden ihn auch sofort abschütteln.) – Resultat?

Resultat: nein, „ich liebe Sie" – das sind nicht die richtigen Worte. Aber: ich möchte gerne lernen, Sie zu lieben. („Aber Sie wissen ja gar nicht –" wollen Sie nun sagen.) Doch, ein bißchen weiß ich. Zum Beispiel: daß wir uns schon deshalb niemals zanken werden, weil Sie dazu ein zu guter Kamerad sind. Daß ich den Rhythmus, der in einem Wippen Ihrer Beine ist, so tief im Blute habe, daß es mitzuckt, daß Sie mit Recht eine bis zur Raserei gehende Abneigung gegen handgreifliche Liebenswürdigkeiten haben – die zwischen uns wegfallen – nein: wir zanken uns nicht.

Sie meinen, ich sollte mich demaskieren? Den Galanteriedegen ablegen und endlich sagen ... Sie wissen schon, was? Ich habe keine Maske abzulegen, me voilà – ich kann mich nur höflich verbeugen und beim

Aufsehen lächeln. Lächeln – und nun nicht – Herrgott! wenn Sie sich *das* abgewöhnen wollten, zu glauben – lächeln, nicht aus einer vermeintlichen Überlegenheit heraus – ich dächte, wir sind uns gleich – sondern, weil ich froh bin, einen Partner gefunden zu haben, der mitspielt. Der Nuancen empfindet. Der halbe, viertel Töne hört. Der Nerven hat.

Ernst machen? – Wenn es Ihnen recht ist, lassen wir die bunten Bälle ein Weilchen hin und her fliegen – wir wollen warten. – Wenn ich Ihnen aber sagen darf, daß ein Zimmer angenehmer ist als eine schmutzige Straße, und daß Sie, gerade Sie, auch in dem abgeschlossensten chambre séparée sicherer sind als jede andere – dann werden Sie nicht wieder böse sein, wenn ich Sie zu mir bitte. Sie überrumpelt man nicht.

Ich bin mir genau bewußt, am Anfang eines sehr steilen, sehr schwierigen Weges zu stehen. Weil ich aber weiß, daß am Ende etwas sehr Hübsches liegt – allons! Ich will ihn gehen, und Sie erlauben es sicherlich Ihrem ganz ergebenen Tucholsky

B 22-23

Für Mary

Gibst du dich keinem –? Bist du nur blond und kühl?
Demütigt dich ein starkes, heißes Gefühl?
Wir sind allein. –

Jeder ist so vom andern durch Weiten getrennt,
dass er nicht weiß, wo es lodert und flammt und brennt –
Wir sind allein. –

Selten nur springt ein Funke von Blut zu Blut,
bringt zur Entfaltung, was sonst in der Stille ruht –
Wir sind allein. –

Aber einmal – kann es auch anders sein –
Einmal gib dich, – und, siehst du, dann wird aus zwein:
Wir beide –
Und keiner ist mehr allein. –

Einen Gruß –!
B34

25.1.18
Liebe Blonde,
jetzt bin ich ganz allein zu Haus – denn Du bist nicht gekommen, wahrscheinlich hast Du nicht mehr genau gewußt, wann und wie ... kurz: Du bist nicht da. Doch. Du bist da.

Wir sind uns ja darüber einig, daß Liebesbriefe eine ziemlich törichte Einrichtung sind – trotzdem – Du bist da: Dein Kopf liegt an meiner Schulter, ich sehe Deine Haare im Licht zittern, ich streichele Deine Hand. Ich empfinde Dich ganz deutlich, so nahe, so nahe, ich fühle die Wärme Deines Körpers – und ich möchte immer das eine: Du sollst immer da sein.

Du alter Zappelphilipp, Du Strampeltante: ich küsse Deine liebe Hand und freue mich, auf Sonntag abend. –

Morgen – wenn Du das liest, ist es „heute"– wollen wir uns die Bilder begucken: ob er Dich getroffen hat? Vielleicht siehst Du gar nett und vernünftig aus?

Ich habe es immer gesagt: diese Fotografen lügen furchtbar! – Alte Schrumpelhexe, warum bist Du heute abend nicht gekommen? –
Führ Deinen Rapport schön;
jetzt bist *Du* die Frau Wachtmeister! –
Der allein gelassene K.
B 36-37

Berlin 27. 4. 18
Liebes Matzlein,
zunächst einmal einen ersten Gruß herüber aus Berlin, das hell und frühlingshaft ist. (...)

Und dann – ich danke vielmals für das, was in dem kleinen Kuvert drin war. Nur ein Wort hätte ich, wenn es nicht mit der lieben Schrift geschrieben wäre, ausgestrichen. „Verlassen"? – Nein. Darin liegt: nie wieder. Wenn Du Dich verlassen fühlst, schreib: „allein gelassen", darin steckt: für eine Spanne Zeit. Und es ist nur, nur, nur eine Spanne Zeit, kleine Mély! –

Grüß keinen Menschen, sondern nur Dich allein
Von dem
Nungo
B 54

Berlin 6. Mai 1918
(...)
Liebe kleine Mély, Liebende, die sich eeewige Traue schwören, sind eine etwas lächerliche Angelegenheit. Denn die Zeit ist mächtiger als man ahnt. Aber wenn nicht alles täuscht: wollen wir dabei bleiben, zusammenzugehören? Ich meine ja. Weißt Du „jedem Unter-

tan in'n Schoß", Du hast dann immer gelacht, und es war ja auch zum Lachen. Aber so ganz zu Hause, so ganz geborgen fühle ich mich bloß da – es wäre – sehr vorsichtig ausgedrückt – wohl für beide kein Schade, wenn es sich verwirklichen ließe. Es: das ist immer zusammen zu sein.

Die halbblind geküßten Augen sehen wieder klar – gib Deine Fingerspitzen her, na! gib sie her, sie schmecken doch nicht nach Mockstrich, gib sie her und denk dran, daß einer da ist, der immer wieder zu Dir zurückfindet, wenn er sich mit den andern genug gelangweilt hat.

Einen leisen langen Kuß, kleine Mély,
von Seinem Nungo

B 59

Turn-Severin/Rumänien 21. August 1918

(...)

Dicker, das ist so merkwürdig (und ich weiß ja nicht, ob das bleiben wird, aber es geht doch nun schon Monate so), es ist, als ob Du immer mit mir lebtest. Natürlich bist Du nicht da, das ist wie ein Stachel im Fleisch, aber Du bist nicht fern. Wenn ich Dich einmal wiedersehe, wird es sein, als seien wir gestern auseinandergegangen. Es ist so selbstverständlich, daß man die Gespräche weiter fortführt, als habe man sie gestern abgebrochen, weil es dunkel geworden ist. (Und weil wir gerade einmal bei den Klammern sind, und ich Ihm gesagt habe, daß ich Ihm alles schreiben will: So, wie mir kein ernsthafter Gedanke an eine andere Frau kommt – trotz aller sagenhaften Frechheit –, so wenig kommt mir einer an einen andern Mann. Ich habe nun gar keine Anlage zur Eifersucht, weil ich mir das nicht denken kann: Ich mag, wenns Ernst ist, nur entweder – oder – aber es geht nicht, sich das auszudenken. Ich glaube, das ist mehr als Vertrauen – ich habe das noch nie bei einer Frau empfunden.

(…)

Sein dicker

Nungo

B 146

Berlin 19. 12. 18

Liebstes, liebstes Matzlein

(…)

Ich habe, als ich damals von Autz wegfuhr, ziemlich genau gewußt, was mit mir los war – aber ich habe es – offen gestanden – unterschätzt. Ich dachte, skeptisch, wie ich nun einmal bin, in der letzten Ecke meines Herzens: Na, na – vielleicht sind es doch nur die blonden Haare und ihre Anwesenheit, und wenn du weg bist … Und es wurde immer schlimmer. Und es wurde so schlimm, daß ich stellenweise nahe daran war, umzukippen – aber weil ich schließlich kein altes Weib bin, so ging es und ist ja auch gegangen. Nur: es ist stark wie am ersten Tag. Er weiß doch, daß mich nicht nur die Schreibmaschine, in deren Schrift dergleichen doppelt putzig aussieht, abhält, so etwas aufzumalen – aber Er weiß nicht, wie das mit einem zugeht. Oder doch –? Vielleicht doch. Es ist ja nicht das mit der Intelligenz, und mit der guten Figur oder gar mit andern Dingen. Ich weiß – nein, ich überschätze niemanden – ich weiß sehr wohl, daß es klügere Frauen gibt und schönere und dikkkkkere (das vor allen Dingen!) – Aber ich weiß auch, daß ich mich bei keiner so aufgehoben fühle, so – ich weiß nicht, wie ich das sagen soll – zu Hause. Ich entbehre meine Mutter heute noch – sie war hier bei mir und bat mich, wieder zu ihr zu kommen, ich habe das abgelehnt – ich kenne aber sonst keine Frau, die mir durch die Haare streicht, und es ist alles, alles gut. Das sind Dinge des Blutes, und ich kann auch nur andeuten und nicht aufschreiben. Und Er soll denken: Es ist einer für Ihn da und wenn die Umstände das nicht haben wollen, dann zerschellen wir daran – das wäre Menschenlos – aber wenn ich es schaffen kann, dann soll Er herkommen und bei mir bleiben und nicht mehr weggehen. Bin ich schon so alt –? Ich bin so müde – (...)

Es küsst ihn in alles Blonde
Sein unveränderter und alter
Nungo

B 204-205

Tagebuchblätter/Geschrieben für Meli
Sonnabend, den 5. Juli 1919
(...)
Wo magst Du sein? Diesmal ahne ich es nicht – ich fühle es nicht – wo bist Du?

Und ich mache mir Vorwürfe. Du pflegst dann einige soldatische Kraftworte in die Debatte zu werfen – aber so einfach ist das nicht. Hätte ich Dich zu mir bitten sollen? Ich kann Dich natürlich jederzeit vor dem Verhungern schützen – aber das ist mir nicht genug. Ich sehe diese Dinge zu klar, um Torheiten zu machen. Fehlender Wagemut? Also keine Liebe? Ich weiß doch nicht. Eitelkeit ist es auch nicht – eher Besorgnis. Ich kenne das. Und will, daß meine Frau eine Dame ist, oder sie ist nicht meine Frau. Ich mag nicht an zerlatschte Schuhe denken und an all das – an schlecht aufgeräumte kleine Zimmer mit herumgeworfenen Sachen … Pfui. Es soll um Dich und um mich sauber und ordentlich aussehen – deshalb brauchst Du keine Fußböden zu scheuern – eben deshalb nicht. Aber es soll gepflegt und pünktlich und ordentlich und reinlich sein. Und immer, wenn ich zweifelte, rechnete es in mir – und ich weiß, daß das, was ich will, außerhalb Berlins mindestens 15 000, und in Berlin 30 000 Mark kostet. Und die verdiene ich noch nicht. Und ich mache mir doch Vorwürfe – und wenn ich einmal wüßte, daß es falsch gewesen ist –? Verliere ich Dich? Aber ich würde Dich bestimmt verlieren – wenn Du in dieses Tohuwabohu hineinkommst, in dem Du nicht so dastehen würdest, wie ich es haben wollte. Ich würde dieses Experiment nicht einmal mit meiner Geliebten machen – geschweige denn mit einer, mit meiner Frau. Und wenn ich Dich verliere: dann war es wenigstens rein und rund.

Aber ich verliere Dich nicht. Gute Nacht –!

B 222

Berlin 30. Juli 1919
Liebstes Mätzchen,
(...)
Eines aber muß ich Ihm sagen. Daß ich ganz, ganz langsam ungeduldig zu werden beginne. Mir fehlt etwas. (Ersatz gibt es keinen.) Was eine Frau zu geben hat, liegt so gar nicht auf dem Gebiet des Intellektuellen, des Geschäftlichen, gar nicht. Ich möchte mich gern abends mit jemandem aussprechen – aber nicht so, wie ich das mit einem Freund kann – der mir sachlich und mitfühlend rät ... Es schwingt da etwas andres mit, das eben nur eine Frau zum Tönen bringen kann. Es ist jenes unsagbar merkwürdige Gemisch aus Erotik, Freundschaft, Zuneigung, Zusammengehörigkeitsgefühl – all das macht ein solches Abendgespräch zum Bedürfnis. Und tausendmal am Tag – und dies und das – Du weißt, daß ich nicht in Briefe Dinge hereinschreiben mag, die ich Dir nicht einmal sagen will. Ich habe es ein paar Mal versucht: es geht gar nicht. Ich habe unter der schlimmsten Zensur alles gesagt, was ich nicht sagen durfte – ohne es auszudrücken – und alle hatten verstanden. Aber dies geht nicht. Irgend etwas hält mich davon ab. – Nur soviel: ein Mann ist nur ein halber Mensch. Und dürstet und friert. Und wenn Er mehr wissen will, dann soll er das Lied aus Bangs „Grauem Haus“ lesen: Wie Blumen blaß verglühn ... ich weiß die Worte nicht mehr – aber ihre Melodie ist mir im Kopf und Blut. (...)

Ich habe Hunger, Meli, ich habe Hunger. Nach Ihm und nur nach Ihm.

Wie immer
Sein alter Nungo

B 234-235

Berlin 12. Oktober 1919

Liebstes Mätzchen,

(...)

Wenn ich mir das alles überdenke: einmal (das ist ein Gedankensprung, als ob ich eine kleine Dame sei) gingen wir aus dem Nest hinaus in die Richtung Groß-Autz und kamen auch – es war, glaube ich, abends – ein ganzes Stück weit. Wir sprachen so von allerhand. Von einem kleinen Haus, in dem wir wohnen müßten – ich sehe noch Sein gänzlich ungläubiges Gesicht vor mir, so, nach der Melodie: „Was Er alles fazählen kann!" – Und das war eigentlich das erste Mal, daß ich das Gefühl hatte: es müsse sich doch sehr nett mit Ihm zusammenleben lassen. Und: das sei tägliche Sonne im Alltag. Und: geht das überhaupt? Solche Dinge bilden sich ja langsam heraus – blitzartig ist immer nur eins (und das ist da oder nicht, und man kann es nicht herbeizaubern und nicht abschaffen, und es vergeht auch kaum) – das Gefühl: diese. Es ist nicht nur eine Angelegenheit der Sinne, das ist nicht wahr. (Aber ich verachte sie nicht etwa – ganz im Gegenteil.) Es sind *auch* die Haare und so weiter. Aber es ist noch etwas. Etwas, das nichts mit dem Verstand und mit der Bildung zu tun hat. Es ist doch unmittelbar – nenn es, wie Du willst – das Herz.

Sieben Küsse – das ist eine runde Zahl. Aber wir wollen (...) nach dem fünften einen kleinen Kuß 5a einschalten: einen leichten Kuß aufs Herz.

Ganz sein

Nungo

B 267

Blätter für Meli
Sonnabend, den 1. November 1919
(...)
Ich habe mir in Autz immer etwas gewünscht, was Du selten gabst – und ich weiß, warum. Es hat das mit dem Körperlichen kaum etwas zu tun. Ich wollte damals immer: wenn sie sich einmal ganz gäbe. Wenn sie einmal rückhaltlos – sie brauchte nichts zu sagen, nichts zu tun – wenn sie einmal *ganz* da wäre. Und sagte: Da hast Du mich. Man muß taub und blind sein, um nicht zu fühlen, wie stark das Frauliche in Dir ist. Das möchte ich und dafür gäbe ich viel: einen Blick, eine Stunde, einen Händedruck, irgend etwas, in dem klingt: Erfüllung. Und: wir zwei beide. Schmilz einmal, Blonde. Und so widerlich mir jene – übrigens meistens sächsischen oder doch preußischen – Liebkosungen vor der Welt sind, so unmöglich mir jene schmalzige Sentimentalität erscheint, die sich unsre deutschen Hochzeitspärchen immer vormachen, um dann ernüchtert zu erwachen und sich gleichgültig zu werden – so sehr sehne ich mich nach einem vollen Zusammenklang und einer ganz erfüllten Stunde. Wann, wann? – Ich wünsche es, so wie Du. Und kann nicht nur zufällig Widerstände leichter überwinden, wenn ich denke: es ist für sie. – (...)

Einen Gruß, Blonde. Und einen sehr langen Kuß – drei Vaterunser lang und ebenso inhaltsreich. Guten Tag –!

B 277

Berlin, 5. Dezember 1919
Liebste Blonde,
(...)
Ich muß Ihm sagen – was ich schon einmal in Brief Nr. 27 gesagt habe, von dem ich nicht weiß, ob Er ihn bekommen hat: ich habe es nun satt.

Ich meine, das geht nun nicht mehr. Komm her. (...)
Wie stets
Ganz sein
Nungo
B 284

Für Meli 13. 1. 20

Zur Begrüßung

Nach so viel Tagen, Wochen, Jahreszeiten
ist eine da.
Ich fühl im Rhythmus ihre Glieder schreiten
so nah, so nah.

Und blonde Seidenhaare schimmern milde
wie einst in Autz.
Da krächzt besänftigt grunzend selbst der wilde
und dicke Kauz.

Des Krieges einzig freundlich-gute Spende –
das warst doch du.
Und immer sehen deine lieben Hände
mir grüßend zu.

Da ist die Stadt. Und da bin ich. Wir warten.
tritt nur herein
in diesen großen, bunten Zaubergarten –
denn wir sind dein.

Du bist noch jung. Die Feuer sind entglommen.
Biß. Kampf. Und Ruh.
Doch einmal, einmal sollst du leise kommen
vom Er zum Du. –
B 292-293

Berlin 20. 1. 1920
Lieber Matz,
es ist irgend etwas nicht in Ordnung zwischen uns beiden. Ich habe dieses Gefühl nicht etwa erst seit einer Stunde, die Dir so schwer gefallen ist und über die zu reden sich nicht verlohnt – sondern eigentlich die ganze Zeit, wo Du in Berlin bist. Du versteckst Dich, Du gibst Dich nicht mehr so, wie früher. –

Ich weiß nun sehr gut, dass Du Dich erst einleben musst – aber das ist es nicht. Es ist irgend etwas wie tot – wie erstorben. Ich empfand es gar nicht, als Du ankamst – heute: mit jedem Tag stärker. Es ist, wie wenn wir aneinander vorbeilebten. (...)
K.
B 294

Berlin, Ohne Datum 1920
Lieber Matz,
Du hast mich neulich gefragt, wie ich zu dem Satz in meinem Brief stünde, der von einer vielleicht eintretenden Entfremdung spricht. Ich sagte Dir damals, daß ich abwarten will. Aber ich sehe keine Besserung dessen, was ich damals bemängelte.

Es ist irgend etwas zwischen uns, was vielleicht wirklich in der völligen Verschiedenheit zweier Naturen begründet liegt. Du bist da kalt, wo ich glühe – und Du bist da entflammt – soweit Du das sein kannst – wo ich eiskalt bin. Wohin soll das gehn? Es fängt bei äußeren Dingen an und hört bei den erotischen auf.

Ich habe Dich viel zu genau kennen gelernt, um nicht zu wissen, daß Du dies richtig auffassen wirst und nicht vielleicht, wie Du schreibst, „eine gute Erinnerung" zu bewahren. Aber ich halte Dich trotz allem zu hoch, um Dir das zu verschweigen. Ich kann das nicht. Ich bin irgendwie ganz allein – und das geht nicht.

Du wirst (leider) von meinem selbstverständlichen Anerbieten, Dir auch weiterhin in Berlin zur Seite zu stehen, kaum Gebrauch machen, weil ein – falscher – Stolz es Dir verbietet. Wenn es je – heute oder *morgen* oder in einem Jahr – nötig ist, daß Du einen Freund brauchst, dann denk an mich.

Mit tiefem Dank für zwei Jahre –
Kurt
B 296

Berlin, 16. 2. 20
Lieber Matz,
ich war nicht in Hamburg, sondern lag mit der ortsüblichen Grippe im Bett – und habe die Zeit benutzt, mir noch einmal alles durch den Kopf gehen zu lassen.

Was es ist, weiß ich nicht. Ich habe Dich – oder was sonst? – zwei Jahre hindurch geliebt, wie man nur jemanden lieben kann – und was geht nun hier vor? Es ist, wie wenn eine Glaswand zwischen uns ist – und ich kann sie nicht brechen. Ich habe mich frei und offen mit Dir unterhalten, wenn ich abends im vorigen Winter an der Schreibmaschine saß – als Du gar nicht da warst – ich tue es mündlich zwar heute noch – aber ich weiß nicht, was es ist, das sich mir dabei auf die Brust legt. – Es ist irgend etwas nicht in Ordnung.

Was es ist, weiß ich nicht. Ich stehe vor einem Rätsel. Ich sehe hier nun gar keinen Ausweg.

Vergessen kann und will ich nicht. Hoffnungen machen auch nicht. Ich muß es – und Dich – gehen lassen.

Ich bitte Dich aber nochmals um eins: wenn Du mich einmal irgendwie brauchst, ruf mich. Aber nicht so – geduckt und klein – sondern als eine Freundin, die sich – ganz selbstverständlich an ihren Freund wendet. Das möchte ich wenigstens bleiben, wenn schon nicht andres.

Trotz allem –:
Nungo
B 296-297

Berlin, 17. V. 21
Weil ich in diesen Tagen auf Reisen gehen möchte, will ich Ihm doch wenigstens so Adieu sagen. Es soll ihm recht gut gehen –!

Dieser fährt erst ein bißchen an die See – und dann kommt er zurück und dann weiß er noch nicht, wohin es geht …

Um eins aber bittet er Ihn sehr: Wenn Er ihn je braucht –: nicht erst im letzten Moment. Ich verstehe das schon richtig und habe Seinen Stolz immer geliebt – aber dies wäre keiner. Ich weiß, wie viel Sinn Er für Nuancen hat. Nicht jede Trennung ist eine.

In altem Gedenken

N.

B 299-300

Berlin, 24. 4. 1922
Ich danke Ihm für Seine lieben Zeilen. Und schreibe Ihm in schlimmer Depression, weshalb Er diesen Brief nicht falsch auffassen soll. –

Er ist damals vier Monate zu früh nach Berlin gekommen – ich hatte gar kein Geld und wußte nicht weiter. Dann ging es nicht und dann verdiente ich im Jahr darauf und ging mit dem Geld so um, wie man es nicht hätte tun sollen. Das ist vorbei, und ich kann von vorn anfangen.

Ich habe nicht das Recht, Ihm irgend etwas zu sagen –: und wenn Er heiraten will oder Sein Herz weggegeben hat, so soll Er das tun. Ich kann auch nicht die Verantwortung übernehmen, auch nur einen Satz zu schreiben, der Ihn veranlassen sollte, etwas zu tun oder nicht zu tun. Ich will Ihm nur sagen, daß ich heute weiß, wie ich auf die Weise die zwei bösesten Fehler meines Lebens begangen habe. Mit Ihm und dann später. – Ob das je wieder gut zu machen sein wird, weiß ich nicht.

Ich weiß nur: ich habe Ihn nicht vergessen. Er ist die einzige Frau, von der ich mir denken kann, daß sie mir ein Kind schenkt – und Er ist die einzige, auf die ich eifersüchtig war wie ein kleiner Junge und die ich geliebt habe wie nie jemand. (...)
N.
B 301

Blaues Tagebuch. Montag den 2. August 1920
(...)
Ich weiß heute alles. Wie Du im ungünstigsten Augenblick kamst, wie ich damals kein Geld oder doch wenig hatte, wie ich mich schämte, es einzugestehen, wie mir das alles fremd, unbequem, fremd, fremd und noch einmal fremd war – wie ich Dich liebte und wie Du mich zugleich abstießest – abstießest, ohne es zu wollen – wie ich viel, viel zu ungeduldig war, zu rasch, zu schnell – zu schnell im Erotischen wie im Menschlichen – wie ich Fehler auf Fehler beging – und wie ich wußte, daß ich sie beging, und wie ich fühlte, wie mir das alles unter den Händen wegschwand ... Und ich weiß doch heute, daß ich nur ein Mal in meinem Leben geliebt habe. Ich kann mir seitdem alles denken – Ausschweifungen und Flirt und Dummheiten und Freundschaft mit Frauen – aber keine Liebe mehr. Und es ist etwas hängen geblieben –

nicht nur mein Ring – und ich habe irgend etwas verloren, das nur Du von mir hast. Es zieht. Es zieht zurück. (...)
B 319

Blaues Tagebuch. Montag den 5. Juni 1922
(...)
Ich habe nicht das leiseste Recht, an seiner Tür anzuklopfen. Ich habe mir das Letzte, aber auch das Allerletzte, verscherzt, was sich ein Mann nur verscherzen kann. Ich weiß das. (...) Ich bin auch im Laufe der Zeit so vorsichtig geworden, mit dem Wort „ewig" etwas sparsam umzugehen. Ich sage mir nur eines: seit ich Ihn kenne, bin ich mit allerhand Frauen zusammengewesen – es war alles nichts. Es hätte doch einmal *eine* kommen müssen. Nichts. Und immer, immer wieder Er und noch einmal Er – in allen Phasen – seelisch und anders – und wenn ich Ihm aufschriebe, mit welch naturalistischer Treue ich meiner Eifersucht zu essen gegeben habe, wie scharf ich alles Mögliche und Unmögliche gesehen habe, dann lächelt Er mich aus. Aber was ist das? Ich hätte Ihn doch vergessen müssen, wenn es nichts war – und ist das alles nur, weil es nicht zu Ende geliebt war? –

Ich weiß, daß man nicht einfach in eine Wohnung zurückgeht, in der man einmal die Teppiche zusammengerollt hat und gesagt hat: Auf Wiedersehn. Und ich schreibe Ihm grade heute, wo alles viel stärker an Gefühl in mir ist als je – keine Bitte auf.

Wieviel ich Schuld habe, weiß ich. Aber denke Er eins: Er hat sich mir nie, nie, nie so offen gegeben – ich habe niemals um das Letzte gewusst, Gott sei Dank ist er aus dem Norden, wo man nicht den ganzen Tag herumläuft und singt: Ah – que je vous aime! Gewiß nicht. Aber ich wusste kaum etwas – und daß Er gesagt hat: „Ja – wenn Er das nicht fühlt!" war kein Ersatz. Wenn ichs nur *ein* mal gesagt bekommen hätte! Aber lieber hat Er sich die Zunge abgebissen – und als ichs dann einmal zu Gesicht bekam, da war es zu spät.

(…)

N.

B 323-324

Berlin. März 1923

Manchmal ist Angst um ein Glück größer als das Glück selbst. Grundlos und sinnlos: ich zittre, Du könntest mir jemals wieder verloren gehn.

Der Alltag wird das nicht zerstören. Vergiß nicht: wir haben ja in all den Jahren nur 4 Tage miteinander wirklich *gelebt* – hier in Berlin preßt sich Glück und Erlebnis in zwei, drei Stunden – Theater oder Gasthaus oder nebenan rummelt die Hermann. (…)

Hab ein Jahr mit mir Zeit. Ich bin ja viel ungeduldiger als Er – Er ist es gar nicht – das weiß ich. Aber es ist so schwer. Ich gebe zu: ich bin gewohnt, *ganz* zu besitzen – es ist das erste Mal, wo ich so gehemmt bin. Das schmerzt.

Aber so war es immer, in Autz schon: es tut fast weh, Ihn zu lieben. Schon damals habe ich mir oft gesagt: was willst Du noch, Du hast Ihn ja. Nicht genug! Nicht genug!

Nie genug –!

Meli! Meli! Dicke, einzige Meli! Ich liebe Dich:
Sein Nungo
B 327

19. 8. 23 nachts
(…)
Er weiß nicht, was er geben kann. Das kann Er nicht wissen, wenn er auch eine so fein empfindende Frau ist. Er weiß nicht, wie froh und frei ein Tag nach solcher Nacht ist – wie alles mitklingt und mitpfeift, und wie Er in mir ist. Aber unverständlich: wenn man dann am nächsten Tag mit Ihm zusammen ist, sieht es so aus, als ob gar nichts gewesen wäre – kein Blick, kein Herzschlag, nichts, nichts ist mehr zu erkennen. Wüßte ich nicht, wen ich vor mir hätte – ich müsste denken, Er sei abgefeimt und ganz raffiniert. Natürlich ist es das nicht – aber es sieht kalt aus, was vielleicht Scham ist.
Sein Nungo
B 333-334

Paris. 13. 6. 24
Nu – hat ja in Briff *28* freundliche Sachen auf Nungomann geschrieben. Will nicht mehr allein sein? Aber dieser will es schon lange nicht mehr, und hat das im vorigen Brief recht ernsthaft gemeint. Er soll schreiben, wann reist und dann hinterher soll herkommen und dableiben. Ich habe mir das alles ziemlich genau

berechnet und ausgedenkt und überlegt – es ist alles halb so schlimm. Gesellschaftliche Repräsentationspflichten gleich Null – der Rest angenehm und leicht, zu wirtschaften braucht nicht (so billig wie man hier in den Restaurants ißt, kann man, glaube ich, gar nicht wirtschaften) und der Rest wird gehen. Nungo legt Meli trokken, pudert und kämmt, holt Kamm aus Butter und klopft Samtpolster aus, wenn zu unordentlich. Er kann sich diese freundliche Nettigkeit in Paris nicht vorstellen – es ist alles genau umgekehrt wie in Bealin – so unschwer, so glatt und so rollend. (Nicht: splendid und furchtbar elegant – das gibt es, aber das ist sehr teuer. Aber ich fühle mich nicht gedemütigt, daß ich nur so viel verdiene und nicht mehr – daß *Du es so* gut haben sollst wie möglich, ist eine andere Sache.) Nu – das hat zu bieten – aber so will nicht mehr allein. Und Beuteltier immer außerhalb Beutel – das geht wohl nicht. (...)
Sein Nungo
B 374-375

Paris. 20.6.24
Du gutes Mondkalb,
(...)
Nu – wenn kommt nach Paris – wird sich Erde um Sonne drehen. Das mit seiner Hände Arbeit wollen wir man noch ein bißchen vertagen. Das kann ja immer noch sein. Vorläufig hat schon Stellung für ihn – sehr anstrengend, 24 Stunden Dienst, mit Dienstwäsche, bei ältrem alleinliegendem Herrn. (...)
Nungo
B 380

Paris. 19. 7. 24
Lieber Dicker,
(...)
Heute hat gifunden Wilhelmstraßenwohnung mit etwas blutendem Herzen. Sie war nämlich nur bis zum 15. Oktober frei. Ich hätte sofort gemietet, obgleich sie teuer war – 1500 Francs. Aber alles, was Du willst: zwei Schlafzimmer und Arbeitszimmer und Salon mit Flügel und Eßzimmer und Badezimmer – ach Gott, ach Gott ...! Nu, wird weiter suchen. Kriegen wird man kriegen – aber es ist teuer, was ich will. Und anders will nicht. Schließlich zu Hause muß es nett sein – elegant auszugehen braucht man nicht.
(...)
Sein Nungo
B 401

Berlin. 7. 2. 27
Lieber Matz,
(...)
Was macht Hauschen? Katzchen? Malzen? Paris ...? Sage mir doch um Gotteswillen, wie es weiter gehen soll – ich höre ja drauf und meckern meckre ich auf alle Fälle. Du siehst ja sicherlich klarer. Es gibt *eins*, das wirklich für Berlin spricht: Was riskieren wir eigentlich? Wenn es gar nicht geht, den Rückumzug ins Ausland, das ist wahr. (...) Es ist ein greulicher Zustand, und so kann man natürlich nichts arbeiten. Ob ich nicht wieder durch eine eingebildete Pflicht mir alles versaue? Und wie fühlt sich Malzen in Berlin? Und will sie überhaupt? Und was soll das alles?

Ach, sag es doch. Und nie schreibst Du. Und schreibst auch nicht, was *Du* eigentlich bei der ganzen Geschichte willst, das ist doch immerhin eine dicke Hauptsache. Sags mal! (...)
Sein Nungo
B 445

Berlin. 25.2.27
Lieber Matz,
abgesehen von einem verdorbenen Magen: der Brief war ein bißchen viel fürs Geld, und ihn gleich beantworten hätte ihn nicht nett beantworten geheißen. Daher erst heute.

Daß Fehler vorgekommen sind, weiß ich – ich weiß auch, viel mehr als ich gesagt habe, wie sehr ich daran schuld bin. Nur: Dritte haben damit überhaupt nichts zu tun, und es ist gar keine Rede davon, zu sagen, daß Du wegen andrer Leute in Berlin beiseite geschoben werden sollst. Ich denke, daß diese Erörterungen etwas akademischer Natur sind – jeder steht schließlich da, wo er stehen will. Lösung –?

Ich schlage vor, daß Du nach dem Süden gehst, wie Du das gewollt hast. Komm dann bitte so bald wie möglich her, denn ich denke doch, daß wir das hier machen müssen. Und hier wird sich ja sehr bald herausstellen, ob Du zufrieden bist oder nicht. Ich rede Dir da nicht herein. Anbei ein paar Kleinigkeiten.

Hier ist gar nichts Neues – und erzählen mag ich erst wieder nach Deinem Brief. Mir ist heute kaum nach mehr.
Sein Nungo

Natürlich hab ich nicht recht gedankt. Aber wie damals das Affentheater mit der Reise nach Paris zu dem Arzt war, und da hat Er mich noch vorher umgearmt, da habe ich erst gefühlt, wie ungeheuer stark Sein Gefühl für mich ist. Es ist dumm, zu sagen, daß man „darüber hinweg" ist. Es ist gar nichts hinweg, und Wolken sind dafür da, daß sie vorüberziehen.

B 450

Berlin. 28.2.27

Lieber Matz,

ich habe eben telegrafiert, daß Du keine Übereilungen machen sollst. Also: ich schicke 1000 (tausend) Mark an Dich ab, damit Du frei disponieren kannst. (...)

Großer Irrtum, daß ich mich hier einlebe. Ich fühle mich kreuzunglücklich, hier wächst nun aber gar nichts, aber ich weiß keinen Ausweg.

Auf Deinen Brief habe ich erst spät geantwortet, nein, gekränkt war ich gar nicht. Aber so ist es ja nun auch wieder nicht, so ganz glatt, kalt, hoffnungslos, scheußlich. Wenn Klarheit heißt, mit dem Messer schneiden, dann hast Du ja wohl Klarheit geschaffen. Ich denke mir das anders.

Ich möchte hier mit Dir leben und mich einzuleben versuchen. Dann wirds ja wohl anders aussehen. Daß es verdammt schwer ist, zu zweien gegen Dritte aufzutreten – eine Sache, die mit Frauen und Eifersucht natürlich überhaupt nichts zu tun hat – das weiß ich. Ich kann aber darin noch keinen Grund sehen, nun alles kaputt zu machen. Es ist ja nicht nur Egoismus, daß ich dieses erzwungene Junggesellenleben satt habe und all den Rummel hier. Ich möchte gern wieder zusammenwachsen – auseinander ist es noch nicht, Lockerung ist kein Ende.

Dies ist kein schönes Jahr, und ich wünsche Ihm bessere Zeiten. Es war so schön still, und nun ist ein bißchen viel auf einmal. (...)

Immerhin

Sein Nungo

B 451

Morgenstrup Kro. 11. 7. 27

Lieber Matz,

(...)

Und ich weiß es alles – dass monoman, und dass kein Vergnügen und gibt alles zu. Und ist vielleicht nicht der richtige Mann für Malzen, und nicht fortpflanzungsvergnügt genug und lebensuntüchtig. Er will sich verkriechen und mal niemand sehen. (...)

Laß er sich gut gehen.

Seh ich Dich nachsten Winter?

Hochachtungsvoll

Nangel

B 474-475

Kvasa Solbad/Schweden. 16. 8. 28

Liebes Malzen,

(...)

was machst Du? Schreiben tust Du nicht, gut, aber was tust Du da? Bedriegst mir? Wenn ja, warum nicht? Badest Du im Anschluß daran? Erholst Du

Dir? (...) Liebes Malzen, warum schreibst Du nicht? Liebes Malzen, schreib doch.

Deinem guten

Nangel

B 501-502

Kvasa Solbad/Schweden. 26.8.28

Liebes Malzen,

(...)

Ich bin sehr alt geworden – such Dir einen neuen, einen dschüngen. (...)

Mit Achtung –

Nangeles

B 506

Paris. 27.11.28

Liebes Malzen,

gratuliert schön zum Giburtstag und hat via Hünicke das Kleid und so geschickt. Und gratuliert Ihm auch recht schön und wünscht Ihm alles Gute und muß sich das erst nu alles ausklamüsern. Ich habe hier zunächst keinem etwas gesagt, Du seist nach Berlin gefahren und fertig. On verra.

(...)

In guter Geburtstagskuchengesinnung

Dero

Nangel

B 517

Stockholm. 13.4.29
Liebes Malzen,
(...)
Das mit der Scheidung geht so nicht. Erstens habe ich gar kein Interesse, sie mit Hallo zu betreiben – denn wozu? –, zweitens wird sie nur gemacht, wenn ich der schuldige Teil bin und Du auch nicht den leisesten Kummer davon hast, und drittens habe ich keine Veranlassung sauer zu sein. Ich möchte mir das alles einmal im Sommer ruhig überlegen, mir eilt das nicht.
(...)

Weiß sonst nichts – ist noch zerstört von dem vielen Herumreisen –

Und wünscht Ihm alles Gute von
Seinem Nangel
B 521

Le Lavandou/Frankreich. 6.3.32
Liebes Malzen
(...)
Wenn es Ihm mal dreckig geht, dann muß er das sagen. Viel ist ja hier nicht aber, im Dreck sitzen lassen möchte ich Ihn nicht. Ich weiß, dass das vorläufig nicht der Fall ist – aber es könnte doch mal sein. Gerade, weil Er aus einer Ehe, die nichts geworden ist, keine „Rechte" herleitet, halte ich es für meine Pflicht, ihn wissen zu lassen, dass ich Ihn nicht sitzen lasse, wenn ich es nur irgend verhindern kann. (...)

Wünscht Ihm alles Gute
Der Nagel
B 536

Hindås/Schweden. 19. 12. 35
Sollte Er verheiratet oder ernsthaft gebunden sein, so bitte ich Ihn, diesen Brief ungelesen zu vernichten. Ich mag mich nicht in ein fremdes Glück drängen – ich will ja nichts. Ich habe nichts zu enthüllen, nichts zu sagen, was Er nicht besser wußte als ich. Ich habe Ihn nur um Verzeihung bitten wollen. Verspricht also zu verbrennen, wenn das so ist – es soll nichts mehr aufgerührt werden.

Wünscht Ihm das Glück.

N.

Liebe Mala,
will Ihm zum Abschied die Hand geben und Ihn um Verzeihung bitten für das, was Ihm einmal angetan hat.

Hat einen Goldklumpen in der Hand gehabt und sich nach Rechenpfennigen gebückt; hat nicht verstanden und hat Dummheiten gemacht, hat zwar nicht verraten, aber betrogen, und hat nicht verstanden.

Ich weiß, daß Er nicht rachsüchtig ist. Was er damals auf der Rückfahrt nach Berlin durchgemacht hat; was späterhin gewesen ist –: ich habe es reichlich abgebüßt. Ganz klar, so klar wie das Abbild in einem geschliffenen Spiegel, ist mir das ganz zum Schluß geworden. Nun kommt alles wieder, Bilder, Worte, diese unsäglichen nuits blanches, die ich mir völlig bis auf den heutigen Tag nur damit erklären kann, daß ich es zu hoch angefangen habe, so daß jede Berührung mit der Erde wie eine Entweihung war – die paar Male, wo ich Ihn gefühlt habe, wie nur ein Mann eine Frau fühlen kann, und wie ich Ihn habe gehen lassen –

jetzt, wo alles vorüber ist, weiß ich: ich trage die ganze, die ganze Schuld.

Die letzten Nächte habe ich im Bett die Hand nach rechts ausgestreckt, da war keiner. Es ist dasselbe Bett, in dem zum letzten Mal mit Ihm in der Nacht vom 2. zum 3. Dezember *1926* geschlafen hat, wo er gekommen ist, wie ein Tier, das etwas wittert – und hat, wie immer, richtig gewittert. Und jetzt sind es beinah auf den Tag sieben Jahre, daß weggegangen ist, nein, daß hat weggehn lassen – und nun stürzen die Erinnerungen nur so herunter, alle zusammen. Ich weiß, was ich in Ihm und an Ihm beklage: unser ungelebtes Leben.

Wäre die Zeit normal (und ich auch), so hätten wir jetzt ein Kind von, sagen wir, 12 Jahren haben können, und, was mehr ist, die Gemeinsamkeit der Erinnerungen.

Hat nicht mehr zu rufen gewagt. Hofft, daß Er meiner Bitte auf dem Umschlag entsprochen hat – das andere wäre nicht schön. Ich darf also annehmen, daß, wenn Er dies liest, er nicht ein Glück stört, das ich mir nicht habe verdienen können.

Nein, zu rufen hat nicht mehr gewagt. Ich habe aus leicht begreiflichen Gründen niemals irgendwelche „Nachforschungen" angestellt; ob Er verheiratet ist, hätte man mir sagen können – das andere nicht. Und hat vor allem nicht gewagt, weil Ihn nun noch ein zweites Mal aus der Arbeit und allem nicht hat herausreißen dürfen –: ist krank und kann sich nicht mehr verteidigen, geschweige denn einen andern. Mir fehlt nichts Wichtiges und nichts Schweres – es sind eine Reihe kleiner Störungen, die mir die Arbeit unmöglich machen. Ins Elend, das sicher gewesen wäre, konnte Ihn nicht herausrufen – ganz abgesehen davon, daß ich niemals gehofft habe, ob gekommen wäre. Doch. Hat gewußt.

Wäre Er jetzt gekommen, Er hätte nicht einen andern, aber einen verwandelten, gereifteren gefunden. Ich habe über das, was da geschehen ist, nicht eine Zeile veröffentlicht – auf alle Bitten hin nicht. Es geht mich nichts mehr an. Es ist nicht Feigheit – was dazu schon gehört, in diesen Käseblättern zu schreiben! Aber ich bin au dessus de la melée, es geht mich nichts mehr an. Ich bin damit fertig.

Und so viel ist nun frei geworden, jetzt, jetzt weiß ich – aber nun nützt es nichts mehr. Hat anfangs Dummheiten gemacht, den üblichen coup de foudre für 2.50 francs, halbnötige Sachen und hat auch gute Freundschaften gehabt. Aber ich sehe mich noch nach Seiner Abfahrt im Parc Monceau sitzen, da, wo ich mein Paris angefangen habe – da war ich nun „frei" – und ich war ganz dumpf und leer und gar nicht glücklich. Und so ist es denn auch geblieben.

Seine liebevolle Geduld, diesen Wahnwitz damals mitzumachen, die Unruhe, die Geduld, neben einem Menschen zu leben, der wie ewig gejagt war, der immerzu Furcht, nein, Angst gehabt hat, jene Angst, die keinen Grund hat, keinen anzugeben weiß – heute wäre sie nicht mehr nötig. Heute weiß. Wenn Liebe das ist, was einen ganz und gar umkehrt, was jede Faser verrückt, so kann man das hier und da empfinden. Wenn aber zur echten Liebe dazu kommen muß, daß sie *währt,* daß sie immer wieder kommt, immer und immer wieder –: dann hat nur ein Mal in seinem Leben geliebt. Ihn.

Es war wie Glas zwischen uns – ich war schuld. Hat nicht gewagt, die paar Witzchen zu machen, die ein junger Mensch gern machen will, und dabei hat Er sie ja grade gewollt. Hat eine lächerliche „Freiheit“ auf der andern Seite vermutet, wo ja in Wahrheit gar nichts ist. Hat immer stiller und stiller gelebt, jetzt ist wie an den Strand gespült, das Fahrzeug sitzt fest, will nicht mehr.

Will Ihn nur noch um Verzeihung bitten.

Ich bin einmal Schriftsteller gewesen und habe von S. J. geerbt, gern zu zitieren. Wenn Er wissen will, wie sich das bei den Klassikern ausnimmt, so lies den Abschiedsbrief nach, den Heinrich von Kleist an seine Schwester geschrieben, in Wannsee, 1811. Und vielleicht auch blättere ein bißchen im „Peer Gynt“ herum, ich weiß nicht, ob wir das Stück zusammen gesehen haben, es ist nicht recht aufführbar. Da kraucht der Held gegen den Schluß hin im Wald herum, kommt an die Hütte, in der dieses Schokoladenbild, die Solveig, sitzt, und sie singt da irgend etwas Süßliches. Aber dann steht da: „Er erhebt sich – totenbleich“ – und dann sagt er vier Zeilen. Und die meine ich.

„O – Angst“ ... nicht vor dem Ende. Das ist mir gleichgültig, wie alles, was um mich noch vorgeht, und zu dem ich keine Beziehung mehr habe. Der Grund, zu kämpfen, die Brücke, das innere Glied, die raison d’être fehlt. Hat nicht verstanden.

Wünscht Ihm alles, alles Gute –

und soll verzeihen.

Nungo

B 544-546

Weil immer große Liebe, wenn entfernt

(...) weil immer große Liebe, wenn entfernt
(...)
B 481

Am Morgen gingen sie in die Felder. Das Gewitter von gestern hatte abgekühlt, die ersten herbstlichen Tage kamen. Der Wind wehte stark. Als sie gegen ihn angingen, sang er wie klagend ... An den Wegen schäumten die Laubmassen. Milchigweißes Licht beglänzte gleichmäßig die Felder. Die Sonne steckte hinter den stürmenden Wolken; manchmal kam sie hervor, dann war sie rot und fror in der rauhen, kräftigen Herbstluft. Ein leerer Pfad lag vor ihnen, reingefegt vom Wind, – und es war Seligkeit, darüber hinwegzuschreiten; junge Linden reihten sich endlos, und es war Glück, immer wieder den ächzenden Stamm zur Seite zu haben. Tief ging der Atem, und die Schultern hoben sich. Sie gingen im Gleichschritt.

Sehnsucht – Sehnsucht nach der Erfüllung! Hier war alles (fühlte er), Herbst, der klärende, klare Herbst, Claire, alles – und doch zog es weiter, der Fuß strebte vorwärts, irgendwo lag ein Ziel, nie zu erreichen!

Viel, fast alles auf der Welt war zu befriedigen, beinahe jede Sehnsucht war zu erfüllen – nur diese nicht. Was war, von oben betrachtet, ein Liebender? – Ein Narr. Wenn sich ihm das geliebte Herz eröffnete, schwieg er, satt und zufrieden. Ganze Literaturen wären nicht, riegelten die Mädchen ihre Türen auf … Ein Amoroso war zu befriedigen, gebt ihm das Weib, das er begehrt, und der tönende Mund schweigt. Was gibt es, *uns* zum Schweigen zu bringen? Wir haben nichts mehr zu verschleiern, wir wissen um alle Heimlichkeiten der Körper … Auch um alle der Seele? – Es gibt Worte, die nie gesagt werden dürfen, sonst sterben sie … Aber wir wollen nicht in diese Tiefen der Schatzkammern, wir haben einander ganz und doch sehnen wir uns. Was ist das, das uns forttreibt, weiter, höher, vorwärts? – Der Frühling ist es nicht; denn es ist da zu allen Jahreszeiten, die Jugendzeit ist es nicht; denn wir spüren es in allen Altern, die Claire ist es nicht, wir fühlen es ohnehin.

Jetzt kamen sie durch einen windstillen Hain junger Birken.

Glücklich sein, aber nie zufrieden. Das Feuer nicht auslöschen lassen, nie, nie! In einem runden Loch kreiste träge schwarzes, fauliges Wasser. Alles andere ist ein Vorspiel: die Werbung, die Gewährung, das Genießen. Dann fängt es an und höret nimmer auf. Was kann vorher sein? Beschäftigt mit der simplen Frage: Ja? – Nein? – sehen sie nicht das Wesentliche, nicht das Eigentliche. Entkleide die deinige von deinen Begierden, sie zu besitzen, setze sie in dein Zimmer, wunschlos, allein, denk, du habest alles, was du wolltest … Bliebe sie? Kann sie mehr als locken, versprechen? – Kann sie *geben?* Nicht jede hält die Belastungsprobe aus. Man behütet nicht umsonst ängstlich das Letzte, wenn man nicht weiß, daß es das Kostbarste ist, was man zu geben hat. Eroberungen, bei denen der Reiz nur im Erobern besteht. Wir aber wollen besitzen.

Und es gibt keine tiefere Sehnsucht als diese: die Sehnsucht nach der Erfüllung. Sie kann nicht befriedigt werden ...
I 66-67

Sehnsucht nach der Sehnsucht

Erst wollte ich mich dir in Keuschheit nahn.
Die Kette schmolz.
Ich bin doch schließlich, schließlich auch ein Mann,
und nicht von Holz.

Der Mai ist da. Der Vogel Pirol pfeift.
Es geht was um.
Und wer sich dies und wer sich das verkneift,
der ist schön dumm.

Denn mit der Seelenfreundschaft – liebste Frau,
hier dies Gedicht
zeigt mir und Ihnen treffend und genau:
es geht ja nicht.

Es geht nicht, wenn die linde Luft weht und
die Amsel singt –
wir brauchen alle einen roten Mund,
der uns beschwingt.

Wir brauchen alle etwas, das das Blut
rasch vorwärtstreibt –
es dichtet sich doch noch einmal so gut,
wenn man beweibt.

Doch heller noch tönt meiner Leier Klang,
wenn du versagst,
was ich entbehrte öde Jahre lang –
wenn du nicht magst.

So süß ist keine Liebesmelodie,
so frisch kein Bad,
so freundlich keine kleine Brust wie die,
die man nicht hat.

Die Wirklichkeit hat es noch nie gekonnt,
weil sie nichts hält.
Und strahlend überschleiert mir dein Blond
die ganze Welt.

2,86-87

Confessio

Wir Männer aus Berlin und Neukölln,
wir wissen leider nicht, was wir wölln.

Mal …

Mal konzentrieren wir uns auf die eine,
spielen mit ihr: die oder keine,
legen uns fest, ohne Bedenken,
wollen auch einem Söhnlein das Leben schenken,
verlegen den Sitz der Seele, als Gatte,
oberhalb des Tisches Platte –
Und sind überhaupt sehr monogam.

Wie das so kam …

Da lockten die andern. Ihrer sind viele.
Sie lockten zu kindlichem Zimmerspiele
– Bewegung lächerlich, Preis bedeutend –
Immer nur eine Glocke läutend?
Immer an eine Frau gebunden?
So sollen uns alle Lebensstunden
verrinnen? Ohne boshafte Feste?
Liegt nicht draußen das Allerbeste?
Mädchen? Freiheit? Frauen nach Wahl –?

Gesagt, getan

Mal …

Mal trudeln wir durch bläuliche Stunden,
tun scheinbar an fröhlichem Wechsel gesunden;
können es manchmal gar nicht fassen,
welch feine Damen bei uns arbeiten lassen.

Und jede Seele, die eine hatte,
liegt unterhalb des Tisches Platte.
Und sind überhaupt sehr polygam.

Wie das so kam ...

So herumwirtschaften? Lebenslänglich?
Plötzlich werden wir recht bedenklich.
Sehnen uns beinah fiebrig zurück
nach Einsamkeit und Familienglück.
Und fangen als ein ganzer Mann
die Geschichte wieder von vorne an.

Wir Männer aus Berlin und Neukölln,
wir wissen leider nicht, was wir wölln.
Wir piesacken uns und unsre Fraun;
uns sollten sie mal den Hintern aushaun.
    Bileams Esel, ich und du.
    Gott schenke uns allen die ewige Ruh.
        Amen

S 160-161

Im Gesellschaftstanz der Quadrille gibt es eine entzückende Figur. ER tanzt nach links, ganz allein, und SIE tanzt nach rechts, ganz allein – aber wenn sie sich die Hände reichen, ist doppelt stark, was vorher war. Denn nichts lehrt so den Wert des anderen erkennen als seine Abwesenheit.

B 32-33

Nebenan

Es raschelt so im Nebenzimmer
im zweiten Stock, 310 -
ich sehe einen gelben Schimmer,
ich höre, doch ich kann nichts sehn.
    Lacht eine Frau? spricht da ein Mann?
    ich halte meinen Atem an –
    Sind das da zwei? was die wohl sagen?
    ich spüre Uhrgetick und Pulse schlagen …
        Ohr an die Wand. Was hör ich dann
            von nebenan –?

Knackt da ein Bett? Rauscht da ein Kissen?
Ist das mein Atem oder der
von jenen … alles will ich wissen!
Gib, Gott, den Lautverstärker her –!
        Ein Stöhnen; hab ichs nicht gewußt …
        Ich zecke an der fremden Lust;
        ich will sie voller Graun beneiden
        um jenes Dritte, über beiden,
            das weder sie noch er empfinden kann …
        „Marie –!“
            Zerplatzt.
            Ein Stubenmädchen war nur nebenan.

War ich als Kind wo eingeladen –:
nur auswärts schmeckt das Essen schön.
Bei andern siehst du die Fassaden,
hörst nur Musik und Lustgestöhn.
    Ich auch! ich auch! es greift die Hand
    nach einem nicht vorhandenen Land …

Ja, da –! strahlt warmer Lampenschimmer.
Ja, da ist Heimat und das Glück.
In jeder Straße läßt du immer
ein kleines Stückchen Herz zurück.
Darfst nie der eigenen Schwäche fluchen;
mußt immer nach einem Dolchstoß suchen.
Ja, da könnt ich in Ruhe schreiben!
Ja, hier –! hier möcht ich immer bleiben,
in dieser Landschaft, wo wir stehn,
und ich möchte nie mehr nach Hause gehn.

Schön ist nur, was niemals dein.
Es ist heiter, zu reisen, und schrecklich, zu sein.
Ewiger, ewiger Wandersmann
um das kleine Zimmer nebenan.

6 30-31

Augen in der Großstadt

Wenn du zur Arbeit gehst
am frühen Morgen
wenn du am Bahnhof stehst
mit deinen Sorgen:
da zeigt die Stadt
dir asphaltglatt
im Menschentrichter
Millionen Gesichter:

Zwei fremde Augen, ein kurzer Blick,
die Braue, Pupillen, die Lider –
Was war das? vielleicht dein Lebensglück …
vorbei, verweht, nie wieder.

Du gehst dein Leben lang
auf tausend Straßen;
du siehst auf deinem Gang,
die dich vergaßen.
        Ein Auge winkt,
        die Seele klingt;
    du hasts gefunden,
    nur für Sekunden ...
Zwei fremde Augen, ein kurzer Blick,
die Braue, Pupillen, die Lider;
Was war das? kein Mensch dreht die Zeit zurück ...
Vorbei, verweht, nie wieder.

Du mußt auf deinem Gang
durch Städte wandern;
siehst einen Pulsschlag lang
den fremden Andern.
        Es kann ein Feind sein,
        es kann ein Freund sein,
        es kann im Kampfe dein
        Genosse sein.
    Es sieht hinüber
    und zieht vorüber ...
Zwei fremde Augen, ein kurzer Blick,
die Braue, Pupillen, die Lider.
Was war das?
        Von der großen Menschheit ein Stück!
Vorbei, verweht, nie wieder.

8 69-70

Ideal und Wirklichkeit

In stiller Nacht und monogamen Betten
denkst du dir aus, was dir am Leben fehlt.
Die Nerven knistern. Wenn wir das doch hätten,
was uns, weil es nicht da ist, leise quält.
  Du präparierst dir im Gedankengange
  das, was du willst – und nachher kriegst dus nie …
  Man möchte immer eine große Lange,
  und dann bekommt man eine kleine Dicke –
    C'est la vie –!

Sie muß sich wie in einem Kugellager
in ihren Hüften biegen, groß und blond.
Ein Pfund zu wenig – und sie wäre mager,
wer je in diesen Haaren sich gesonnt …
  Nachher erliegst du dem verfluchten Hange,
  der Eile und der Phantasie.
  Man möchte immer eine große Lange,
  und dann bekommt man eine kleine Dicke –
    Ssalawih –!

Man möchte eine helle Pfeife kaufen
und kauft die dunkle – andere sind nicht da.
Man möchte jeden Morgen dauerlaufen
und tut es nicht. Beinah … beinah …
  Wir dachten unter kaiserlichem Zwange
  an eine Republik … und nun ists die!
  Man möchte immer eine große Lange,
  und dann bekommt man eine kleine Dicke -
    Ssälawih –!

7 238-239

Frauen sind eitel. Männer? nie –!

Das war in Hamburg, wo jede vernünftige Reiseroute aufzuhören hat, weil es die schönste Stadt Deutschlands ist – und es war vor dem dreiteiligen Spiegel. Der Spiegel stand in einem Hotel, das Hotel stand vor der Alster, der Mann stand vor dem Spiegel. Die Morgen-Uhr zeigte genau fünf Minuten vor einhalb zehn.

Der Mann war nur mit seinem Selbstbewußtsein bekleidet, und es war jenes Stadium eines Ferientages, wo man sich mit geradezu wollüstiger Langsamkeit anzieht, trödelt, Sachen im Zimmer umherschleppt, tausend überflüssige Dinge aus dem Koffer holt, sie wieder hineinpackt, Taschentücher zählt und sich überhaupt benimmt wie ein mittlerer Irrer: es ist ein geschäftiges Nichtstun, und dazu sind ja die Ferien auch da. Der Mann stand vor dem Spiegel.

Männer sind nicht eitel. Frauen sind es. Alle Frauen sind eitel. Dieser Mann stand vor dem Spiegel, weil der dreiteilig war und weil der Mann zu Hause keinen solchen besaß. Nun sah er sich, Antinous mit dem Hängebauch, im dreiteiligen Spiegel und bemühte sich, sein Profil so kritisch anzusehen, wie seine egoistische Verliebtheit das zuließ … eigentlich … und nun richtete er sich ein wenig auf – eigentlich sah er doch sehr gut im Spiegel aus, wie –? Er strich sich mit gekreuzten Armen über die Haut, wie es die tun, die in ein Bad steigen wollen … und bei dieser Betätigung sah sein linkes Auge ganz zufällig durch die dünne Gardine zum Fenster hinaus. Da stand etwas.

Es war eine enge Seitenstraße, und gegenüber, in gleicher Etagenhöhe, stand an einem Fenster eine Frau, eine ältere Frau, schiens, die hatte die drübige Gardine leicht zur Seite gerafft, den Arm hatte sie auf ein kleines Podest gelehnt, und sie stierte, starrte, glotzte, äugte gerade auf des Mannes gespiegelten Bauch. Allmächtiger.

Der erste Impuls hieß den Mann vom Spiegel zurücktreten, in die schützende Weite des Zimmers, gegen Sicht gedeckt. So ein Frauenzimmer. Aber es war doch eine Art Kompliment, das war unleugbar; denn wenn jene auch dergleichen vielleicht immer zu tun pflegte – es war eine Schmeichelei. „An die Schönheit." Unleugbar war das so. Der Mann wagte sich drei Schritt vor.

Wahrhaftig: da stand sie noch immer und äugte und starrte. Nun – man ist auf der Welt, um Gutes zu tun ... und wir können uns doch noch alle Tage sehen lassen – ein erneuter Blick in den Spiegel bestätigte das – heran an den Spiegel, heran ans Fenster!

Nein. Es war zu schéhnierlich ... der Mann hüpfte davon, wie ein junges Mädchen, eilte ins Badezimmer und rasierte sich mit dem neuen Messer, das glitt sanft über die Haut wie ein nasses Handtuch, es war eine Freude. Abspülen („Scharf nachwaschen?" fragte er sich selbst und bejahte es), scharf nachwaschen, pudern ... das dauerte gut und gern seine zehn Minuten. Zurück. Wollen doch spaßeshalber mal sehen –.

Sie stand wahr und wahrhaftig noch immer da; in genau derselben Stellung wie vorhin stand sie da, die Gardine leicht zur Seite gerafft, den Arm aufgestützt, und sah regungslos herüber. Das war denn doch – also, das wollen wir doch mal sehen.

Der Mann ging nun überhaupt nicht mehr vom Spiegel fort. Er machte sich dort zu schaffen, wie eine Bühnenzofe auf dem Theater: er bürstete sich und legte einen Kamm von der rechten auf die linke Seite des Tischchens; er schnitt sich die Nägel und trocknete sich ausführlich hinter den Ohren, er sah sich prüfend von der Seite an, von vorn und auch sonst ... ein schiefer Blick über die Straße: die Frau, die Dame, das Mädchen – sie stand noch immer da.

Der Mann, im Vollgefühl seiner maskulinen Siegerkraft, bewegte sich wie ein Gladiator im Zimmer, er tat so, als sei das Fenster nicht vorhanden, er ignorierte scheinbar ein Publikum, für das er alles tat, was er tat: er schlug ein Rad, und sein ganzer Körper machte fast hörbar: Kikeriki! dann zog er sich, mit leisem Bedauern, an.

Nun war da ein manierlich bekleideter Herr, – die Person stand doch immer noch da! –, er zog die Gardine zurück und öffnete mit leicht vertraulichem Lächeln das Fenster. Und sah hinüber.

Die Frau war gar keine Frau.

Die Frau, vor der er eine halbe Stunde lang seine männliche Nacktheit produziert hatte, war – ein Holzgestell mit einem Mantel darüber, eine Zimmerpalme und ein dunkler Stuhl. So wie man im nächtlichen Wald aus Laubwerk und Ästen Gesichter komponiert, so hatte er eine Zuschauerin gesehen, wo nichts gewesen war als Holz, Stoff und eine Zimmerpalme.

Leicht begossen schloß der Herr Mann das Fenster. Frauen sind eitel. Männer –? Männer sind es nie.
6 250-251

Zwei Seelen

Ich, Herr Tiger, bestehe zu meinem Heil
aus einem Oberteil und einem Unterteil.

Das Oberteil fühlt seine bescheidene Kleinheit,
ihm ist nur wohl in völliger Reinheit;
es ist tapfer, wahr, anständig und
bis in seine tiefsten Tiefen klar und gesund.
Das Oberteil ist auch durchaus befugt, Ratschläge zu erteilen
und die Verbrechen von andern Oberteilen
zu geißeln – es darf sich über die Menschen lustig machen,
und wenn andre den Naseninhalt hochziehn, darf es lachen.

Soweit das.
Aber, Dunnerkeil,
das Unterteil!
Feige, unentschlossen, heuchlerisch, wollüstig und verlogen;
zu den pfinstersten Pfreuden des Pfleisches fühlt es sich hingezogen –
dabei dumpf, kalt, zwergig, ein greuliches
pessimistisches Ding: etwas ganz und gar Abscheuliches.
Nun wäre aber auch einer denkbar – sehr bemerkenswert! –,
der umgekehrt.

Der in seinen untern Teilen nichts zu scheuen hätte,
keinen seiner diesbezüglichen Schritte zu bereuen
hätte –
ein sauberes Triebwesen, ein ganzer Mann und
bis in seine tiefsten Tiefen klar und gesund.

Und es wäre zu denken, daß er am gleichen Skelette
eine Seele mit Maukbeene hätte.

Was er nur andenkt, wird faulig-verschmiert;
sein Verstand läuft nie offen, sondern stets maskiert;
sogar wenn er lügt, lügt er; glaubt sich nichts,
redet sichs aber ein –
und ist oben herum überhaupt ein Schwein.

Vor solchem Menschen müssen ja alle, die ihn
begucken,
vor Ekel mitten in die nächste Gosse spucken!
Da striche auch ich mein doppelkollriges Kinn
und betete ergriffen: „Ich danke dir, Gott, daß ich
bin, wie ich bin!"

Was aber Menschen aus einem Gusse betrifft in der
schönsten der Welten –:
der Fall ist äußerst selten.
4 482-483

Chef-Erotik

„... und dann hat er seine Sekretärin geheiratet.“ Wie war das möglich?

Als sie eintrat, war da gar nicht viel – er hat das Mädchen kaum beachtet. Die Diktatprobe hatte genügt, die Referenzen waren gut, das Äußere soweit in Ordnung. Auch spielte damals die Geschichte mit Lux, und er hatte, weiß Gott, den Kopf viel zu voll ... „Überhaupt: im eignen Betrieb! nicht rühr an. Lieber Freund, wenn ich das will, kündige ich und fange mit ihr später was an! Ja.“

Monatelang war gar nichts; sie tat ihre Arbeit, und er ließ sie tun. Die Gewöhnung kam leise und langsam, ganz langsam. Sie war eben immer da, gehörte zum Mobiliar; er merkte das erst, als sie einmal krank wurde, da fehlte etwas im Büro, er konnte gar nicht arbeiten in diesen Tagen. Das fremde Gesicht der Aushilfe ... Er atmete auf, als sie wieder da war.

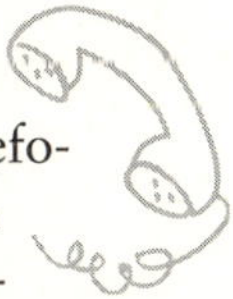

Er genierte sich gar nicht vor ihr; er telefonierte in ihrer Gegenwart mit Hanna und auch einmal mit dem dänischen Fratz, der sich damals in Berlin herumtrieb. Sie hörte das unbewegten Angesichts mit an. Das war kein Stenogramm; das ging sie nichts an. Aber auf dem Schreibtisch war noch ihre Hand spürbar, die Art, wie sie die Bleistifte hinlegte, die sanfte Ruhe, mit der sie ihn betreute. Und dann wuchsen die Leiber zusammen. Es lag einfach daran, daß er eines Tages sachte zu fühlen begann, wie auch dies eine Frau sei, mit Beinen, Schenkeln, Oberarmen. Es war nichts, aber auch nichts als die Nähe, die ihn dahin trieb; man kann doch nicht dauernd neben einer Quelle liegen, ohne zum mindesten einmal spielerisch die Hand ins Wasser zu stecken. Durst? Nein. Es war nur eine Quelle da.

Befehlen können und hier nicht befehlen können – Chef sein und Mann zugleich wie jeder andre; und eben die leise Gewöhnung. Der spielerische Drang vergessener Knabenjahre war wieder da, den andern einmal genau anzusehen, aus Neugier, aus Langerweile, aus tastendem Grauen ... Einmal, einmal muß man hinter jeden geschlossenen Vorhang sehen – das ist so. Und dann hat sie nicht mehr losgelassen.

Übrigens hat er es nicht bereut; sie ist ihm eine gute Hausfrau und brave Mutter der Kinder geworden, und in der großen Stadt im Rheinland weiß niemand von der Vergangenheit der Frau, die ja nicht schändet, nein, gewiß nicht, aber es ist ja nicht nötig, nicht wahr? Die Ehe blieb, was sie war: eine Arbeitsgemeinschaft. Ohne die bunten Stunden, aber mit viel Erinnerungen an gemeinsame Kampagnen, Geschäftsfreunde, Betriebskollegen ... Er hat jetzt einen Sekretär. Oder eine kleine käsige Tipse.

Zur Zeit ist er sterblich verliebt in die Inhaberin eines Modesalons: ein strammes Prachtweib mit weißen, blitzenden Zähnen und schwarz angelacktem Haar. Im allgemeinen ist er seiner Frau treu, ein anständiger Familienvater. Aber er ist so neugierig; er möchte nur ein einziges Mal den Vorhang jenes Kleides heben. Und das wird er ja wohl auch tun.

5 213-214

Die Frau: Aber die Kunst soll doch den Menschen reinigen und ihn stärken für den Alltag, sagt Lessing.

Der Mann: Wenn ich das will, geh ich ins Dampfbad.

5 428

Er hatte einen Hund, der ihm aufs Wort – verstehn Sie? aufs Word! – gehorchte, und auf der andern Seite hatte er einen Chef. Er lebte außerordentlich rationell, turnte jeden Morgen, badete Luft, und alles, was er machte, war vernünftig, aber es war nur vernünftig, und das hatte etwas Schreckerregendes. Ich wartete darauf, daß er einmal, doch nur ein einziges Mal, etwas Irrationales, etwas ganz und gar Unsinniges tun oder sagen möchte – er tat es nicht.

Bei Tisch saßen wir uns oft gegenüber; er aß, was er sich auf den Teller getan hatte, sorgfältig auf, er hob den Teller schräg an und löffelte noch den letzten Rest Milch in sich hinein, und noch einen Rest, und nun den allerletzten, und ich begriff, daß eine Frau mit Nerven ihn im sechsunddreißigsten Ehejahr deswegen ermorden könnte. Er stand auf und wischte sich den Mund und hatte diese Mahlzeit bestellt, bezahlt, absolviert, und alles war in Ordnung.

6 227

Diß mit die Weiber – ick habe immer jefunden, am Tage ist es nischt mit sie.

1 287

Kleine Freude Nr. 72. Wenn noch eine Kleinigkeit Buttersauce übrig geblieben ist und anderthalb Kartoffeln, alle haben schon aufgegessen ... aber man kann sich da noch einen kleinen Privatbrei auf dem Teller zurechtmachen. Erfreut sehr und schmeckt auch gut.

Nr. 73. Die nicht erwartete Eintagsliebe. „I never dreamt, you fall in love with me ...“ und plötzlich: erfolgreiches Wiedersehen in Bebra – sehr schön.

Nr. 74. Der Fön. Der Fön beim Friseur ... Ich weiß nicht, wie es bei den Damen ist ... bei den Männern ist es so:

Die Haare sind schon geschnitten: großer Kampf mit dem Friseur, der entweder mit der Maschine dem Kopf das Ansehen eines von der deutschen Haarkrankheit Befallenen geben will, oder der gar nicht: schneidet, sondern nur so herumputzelt ... „Der Übergang, Herr!“ – „Gucken Sie mal in’n Spiegel: also wenn wir hier noch was wegnehmen ...“ das ist vorbei; dann hat er Seife auf den Haarboden geschmiert, herumgeknetet, dann hat er die Seife wieder abgeschwemmt, nun ist man müde und döst sachte vor sich. Nun nimmt er aus einer unteren Schublade den vernickelten Fönapparat und läßt ihn heulen. Hu-hu-..u..u-u- das schläfert ein ... Sehr angenehm ist das. Undeutlich sieht man sein herrliches Bild im Spiegel! – Ach! Man ist ja so schön! Aber das will man jetzt gar nicht mehr sehen, man weiß es schon; wie durch einen dicken Vorhang dringen Fetzen eines Kundengesprächs herüber. „Können die Leute ja gar nicht machen. Sehn Se mal, schon

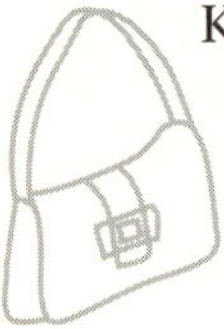

rein nach der Gewerbeordnung ...“ – „Puder –?“ – Süßer Halbschlaf des Föns ... Huu..u..u. So satt wird man und selbstzufrieden. Ich glaube gar nicht, daß Männer zum Frisör gehen, um sich die Haare schneiden zu lassen – (auch gibt es welche, die lassen sich da rasieren: ein unvorstellbarer Vorgang!) – nein, ein Herrenfrisör dient anderen Zwecken. Hier werden die Herren Männer mit Selbstbewußtsein geladen. Sie sitzen da auf ihren Stühlen, sehen sich so lange in den Spiegel, bis sie völlig hypnotisiert von sich selber sind, baden in sich und ihrer männlichen Vollkommenheit, lesen ein bißchen die Zeitung, schlafen – und wenn sie aufstehen, sind sie wie neugeboren. Es muß unten an den Stühlen eine geheime Vorrichtung sein, die sie mit <Ego> füllt – vielleicht ist es auch eine Art Spiegelzauber ... der wahre, magische Zweck des Herrenfrisiersalons ist die Stärkung des egozentrischen Systems, das ja sowieso schon beim Mann so schwach ausgebildet ist ... (Siehe hierüber: Anna Ferenczy-Dülbög, <Psychoanalyse an Frisörlehrlingen und Toilettenfrauen>, Wien 1937.) Ja, da sitzt du, und die Welt ist gar nicht mehr da, nur der Fön. Hu-u-u-... macht er – und das soll nie wieder aufhören, immer soll das so bleiben – die Leinen der Nerven hängen schlaff zu Boden, man kann auch sagen: du hast das Steuer losgelassen; pua! ein heißer Luftstrom! Grade ins Auge ... und dann ein kalter, und der Fön singt, und es ist alles so schön gleichgültig und verdöst und überhaupt – Es hat einmal Pflichten gegeben; es musste etwas <alédicht> werden – vom Frisör aus muß man irgendwo hingehen, das ist unbestreitbar richtig; aber das gilt jetzt alles nicht – jetzt heult der Fön, und du schläfst wachend und wachst schlafend, und unterdes wird dein Ich, tief in der Zirbeldrüse und im unteren Solarplexus, immer fetter und größer – es gedeiht am besten, wenn man nicht hinmerkt, es wächst, es schwillt auf – aber du weißt es noch nicht –. Der Fön ... der Fön ... Einer scharrt mit dem Stuhl, das läßt die Gedanken durcheinanderkollern. Was denken sie?

Die Kopfhaut ist eine erogene Zone. Wäre ich ein Pascha – ach! wäre ich einer! – Ja, wäre ich ein Pascha, dann müßten mir meine Sultaninen, oder wie diese Mädchen heißen, den Kopf kraulen und in heissen Liebesnächten den Kopf waschen. Darum bitte ich heute schon immer alle Damen, die das Vergnügen haben ... („Na hören Sie mal – da möchte ich aber nicht bei Ihnen Sultanine sein! Sie lassen sich wahrhaftig von Frauen den Kopf krabbeln? Lange? Wie lange? Und waschen müssen sie den Kopf auch –?“ – Ja. – „Also ... also mir ist das unbegreiflich, wie sich eine Frau dazu ... also das verstehe ich nicht ... nehmen Sie mirs nicht übel!“ – Nein. – „Den Kopf kraulen ... i Hat man je so etwas ...“ – Jetzt stören Sie Pantern hier nicht – er soll zu Ende erzählen! Also was wollten Sie vom Fön sagen –?)

Ja, da heult er, und nun ist die Zirbeldrüse in den Plexus gerutscht, und ich bin gar nicht mehr da – – Der Mann in der weißen Jacke ist fertig. „Biséh!“ – Polternd fallen Komplexe, Hemmungen, Triebe, Süchte und die unterbewußten Bewußtseine durcheinander, ordnen sich ... „Antreten -!“ – Und nun sitzen alle wieder da, als wäre nichts geschehen. Torkelnd stehe ich auf. Aah – – es war sehr schön!

Kleine Freude Nr. 75. – – –

7 190-191

Die arme Frau

Mein Mann? mein dicker Mann, der Dichter?
Du lieber Gott, da seid mir still!
Ein Don Juan? Ein braver, schlichter
Bourgeois – wie Gott ihn haben will.

Da steht in seinen schmalen Büchern,
wieviele Frauen er geküßt;
von seidenen Haaren, seidenen Tüchern,
Begehren, Kitzel, Brunst, Gelüst …

Liebwerte Schwestern, laßt die Briefe,
den anonymen Veilchenstrauß!
Es könnt ihn stören, wenn er schliefe.
Denn meist ruht sich der Dicke aus.

Und faul und fett und so gefräßig
ist er und immer indigniert.
Und dabei gluckert er unmäßig
vom Rotwein, den er temperiert.

Ich sah euch wilder und erpichter
Von Tag zu Tag – ach! Lasst das sein!
Mein Mann? Mein dicker Mann, der Dichter?
In Büchern: ja.
          Im Leben: nein.

1 344-345

Quellenverzeichnis

Kurt Tucholsky: Gesammelte Werke in 10 Bänden. Band 1–10. Hrsg. von Mary Gerold-Tucholsky und Fritz J. Raddatz. Rowohlt Verlag GmbH, Reinbek bei Hamburg 1960. (In dieser Ausgabe gekennzeichnet durch Angabe des Bandes und der Seitenzahl)

Kurt Tucholsky: Unser ungelebtes Leben. Briefe an Mary. Hrsg. von Fritz J. Raddatz. Rowohlt Verlag GmbH, Reinbek bei Hamburg 1982. (In dieser Ausgabe gekennzeichnet durch B und Seitenzahl)

Kurt Tucholsky: Ich kann nicht schreiben, ohne zu lügen. Briefe 1913–1935. Hrsg. von Fritz J. Raddatz. Rowohlt Verlag GmbH, Reinbek bei Hamburg 1989. (In dieser Ausgabe gekennzeichnet durch I und Seitenangabe)

Eintauchen – Träumen – Entdecken – Genießen

Anselm Grün
Mit Anselm Grün zur inneren Balance finden
Hg. von Anton Lichtenauer
Band 5701

Was ist wichtig im Leben? Und: Kann man es lernen, einüben? Darum geht es in dieser kleinen Lebensschule. Mit bisher unveröffentlichten Texten.

Mit Senta Berger ins weite Land der Kindheit
Hg. von Senta Berger
Band 5702

Senta Berger hat eine Auswahl ihrer liebsten Texte zusammengestellt, die die hellen und dunklen Seiten der Kindheit erforschen. Sie laden zur Reise in ein Land ein, das jeder kennt und das dennoch oft weit entfernt ist.

Rainer Maria Rilke
Mit Rilke ins Herz der Liebe schauen
Hg. von Ulla Bohn
Band 5704

Rilke über das größte der Gefühle: Ein Erfahrener in Sachen Liebe, der Worte für sie gefunden hat, die unmittelbar anrühren – bis heute. Eine populäre Auswahl von Gedichten, Briefen, Prosa.

Robert Lax
Mit Robert Lax die Träume fangen
Hg. von Steve Theodore Georgiou
Band 5705

Robert Lax konzentriert sich auf das Wesentliche. Er erzählt von der Zärtlichkeit, mit der das Leben dem begegnet, der sich ihm anvertraut. Einer, der den Träumen auf der Spur ist – und ermutigt, sie zu verwirklichen.

Joel ben Izzy
Mit Joel ben Izzy im Zaubergarten des Erzählens
Band 5703

Geschichten können das Leben von jedem von uns verändern. Wie? Davon handeln Joel ben Izzys Geschichten. Klug, warmherzig und verzaubernd: Pures Leseglück!

Dalai Lama
Mit dem Dalai Lama den Tag beschließen
Hg. von Karin Lichtenauer
Band 5706

Guter Schlaf macht glücklich! Den Weg zu Ruhe und Gelassenheit finden. Jeden Abend gut beenden. Und jeden Morgen anders aufwachen. Dazu laden diese Texte ein.

Verena Kast
Mit Verena Kast die Lebensfreude einladen
Band 5707

Lebensfreude: Jeder Mensch hat sie – doch ist sie oftmals gut versteckt. Verena Kast lädt dazu ein, sie wieder zu entdecken. Denn Lebensfreude ist eine wichtige Ressource, die auch durch schwierigere Zeiten trägt.

Janusz Korczak
Mit Janusz Korczak die Kinderwelt verstehen
Hg. von Annelie Öhlschläger
Band 5708

Kinder sind das Wichtigste, was uns anvertraut ist. Sie zu lieben, ist ihr – und unser Glück. Die schönsten Texte des großen Kinderfreundes. Vorgestellt von Maria Furtwängler.

Immanuel Kant
Mit Kant am Ast der Dummheit sägen
Hg. von Hans-Joachim Neubauer
Band 5709

„Es ist so bequem, unmündig zu sein". In diesem Band erscheint Kant neu: als verlässlicher Weggefährte durch die Fährnisse eines unvernünftigen Alltags, als Ratgeber bei Fragen der Moral und des Urteilens, als Menschenkenner ohne Scheuklappen.

Friedrich Nietzsche
Mit Nietzsche die Langsamkeit entdecken
Hg. von Hans-Joachim Neubauer
Band 5710

Wer zu schnell ist, läuft seinem Glück davon, sagt Nietzsche. Ruhe, Geduld, Rhythmus, Liebe, Maß und Kreativität – Glück braucht Muße. Und Lebenskunst braucht Zeit.

Mit Erich Fromm die Liebe zum Leben entdecken
Hg. von Rainer Funk
Band 5793

Fromm zeigt beeindruckend, dass alle Menschen die Liebe zum Lebendigen in sich tragen. Es kommt darauf an, sie zu leben und daraus Konsequenzen zu ziehen.

Mit Schopenhauer gelassen durchs Leben
Hg. von Hans-Joachim Neubauer
Band 5794

Er gilt als der Philosoph des Pessimismus. Doch hier kommt ein anderer Schopenhauer zu Wort: Seine Philosophie des „inneren Wesens" in allem Lebendigen kann helfen, die Welt neu zu sehen und neu lieben zu lernen. Gibt es einen besseren Weg zur Gelassenheit?

Mit Hannelore Hoger dem Täter auf der Spur
Hg. von Hannelore Hoger
Band 5808

Abends beim Krimi: Wohliges Gruseln und die Gewissheit, dass die Schauder in die Zehenspitzen fließen. Die etwas andere Kriminal-Anthologie von Hannelore Hoger, der Darstellerin der Bella Block.

Mit C. S. Lewis den Staub aus dem Alltag klopfen
Hg. von Arnd Brummer
Band 5804

Texte von C.S. Lewis, die mit Humor Himmel und Hölle erkunden, die Welt im Kopf und Gott im Herzen haben. Neue Perspektiven gewinnen: nicht nur fühlen, sondern auch denken. Glauben, aber auch lachen.